十二ヶ月の小さなならわし

日本橋木屋 ごはんと暮らしの道具

監修 木屋

二見書房

contents

006 はじめに

四月

014 菜切庖丁
菜切庖丁は「なっきりほうちょう」と読みます。

015 おろし金
銅製のおろし金が一番美味しい。そして一生使えます。

018 曲輪拭漆の弁当箱
木の弁当箱が再び見直されています。

021 田楽串
春の訪れを知らせる木の芽田楽

022 焼き網
焼き網作りは大阪・京都の職人にかないません。

023 ヘンケルスのキッチンばさみ
大阪万博をきっかけに日本にキッチンハサミが定着した！

028 ● 箸の使い分け

五月

032 常滑焼の急須
マイセンもロイヤルコペンハーゲンもかなわない！常滑に受け継がれているもの

033 親子鍋
三つ葉は三春の季語縁を結ぶ晴れやかな食材

036 味噌漉し
味噌漉しは縁起の悪い道具？

037 竹皮
おにぎりの形からパワーをもらう

040 中出刃庖丁
五月見舞いに焼鯖そうめん

041 アルミ打ち出し寸胴鍋
太鼓腹の鍋に対抗して寸胴鍋？

044 ● まな板を選ぶ

六月

048 鶴亀のおろし金
白い亀をプレゼントされたことを祝い、六月一六日が嘉祥の日となりました。

049 物相型
美味しいからこそ少ない量を大切に食べる

052 常滑焼の甕
六月は梅仕事の季節です。赤茶色の甕の秘密を知っていますか？

053 飯台
六月二七日は「ちらし寿司の日」。内田百閒も食べた岡山の寿司が由来です。

056 有田川町産棕櫚の束子
梅雨の季節に知っておきたい！まな板が一番清潔になる洗い方

057 砥石
六月は錆びやすい季節だからこそ、庖丁を研ぐ。庖丁を錆びさせない。

059 ● 片刃庖丁の研ぎ方

七月

064 ところ天突き
ところ天は仏様の鏡

065 中華せいろ
油なしで加熱でき、余分な油を落とす、せいろはますます活用されるべき道具

068 漬物木桶
発酵食品は昔ながらの木桶で作ります。

069 梅干と笊
「梅はその日の難逃れ」のことわざどおり、梅干しは毎日食べるべき食品です

072 そうめん
七夕、そしてお盆。そうめんは七月の大切な行事食です。

073 庖丁とトマト
トマトが切れにくくなったら包丁を研ぐタイミングです。

076 ぬか漬けレシピ

八月

080 福井のへら
三菱鉛筆ユニや特急あさかぜをデザインした秋岡芳夫が気に入った福井のへら

081 薄刃庖丁
夏の固いキャベツを糸のような千切りにするには薄刃庖丁を使います。

084 プジョーのミル
刃物屋が言うから間違いない！ プジョーのグラインダー（刃）は世界一

085 鯵切庖丁
鯵の名前の由来は「その味の美をいふなり」

088 伊賀焼の蚊遣り
現代の部屋に置いても美しい、伊賀焼の伝統を受け継ぐ蚊遣り

089 ささら
厄除けにも使われる神聖な掃除道具

092 出汁のとり方

九月

096 江戸櫃
ご飯を一番美味しく食べる道具

097 栗むき器
財宝のような黄金色！ 栗は古くから縁起のいい食べ物

100 鰹節削り器
現存する最古の鰹節削り器はアメリカの博物館にあります。

101 七輪
いい七輪は、石川県珠洲市の大きな一枚岩の珪藻土から切り出されます。

104 米櫃
米櫃は大事な道具。正月には餅や粥をお供えしました。

105 茶焙じ
幸田文も宇野千代も自分で焙じたお茶が一番好きでした。

108 旬の食材

十月

112 和せいろ
冷たいご飯を一番美味しく温める道具

113 銀杏むき
金色に光輝く銀杏

116 リッターのピーラー
バウハウスの精神が息づく小さなピーラー

117 寄せ鍋
木枯らしが吹きはじめる十月、鍋の季節の到来です。

120 しゃもじ
しゃもじは豊穣のしるし、家を象徴する道具です。

121 ゴマ炒り器
ゴマの旬は秋。炒りたては栄養価も高く美味しい。

124 日本橋のお菓子

十一月

128 お玉杓子
その窪みに神様が宿る！　温かいスープや鍋をすくう道具

129 敷き笊
日本のポワソニエール！　鍋から煮魚を取り出しやすい敷き笊

132 ちろり
十一月はひやおろしを、ぬる燗で楽しみましょう。

133 すり鉢
十一月は山芋の旬のはじまり。とろろは長寿の食べ物です。

136 フライパン
フライパンが身近な道具になったのは最近のことです。

137 水鉢コンロ
白洲正子は水コンロに土鍋を乗せて松茸を蒸して食べるのが好きでした。

156 庖丁のエッセイ

十二月

144 蕎麦盛り
厄を断ち切る、お金が集まる、縁起のいい蕎麦を食べて年を越します。

145 外輪鍋
フランスの鍋、ソトワールを板前が外輪鍋と呼びました。

148 わさびおろし
唯一の日本原産の薬味、わさびおろしがさらに辛味を引き出します。

149 すき焼き鍋
昔ながらの鋳物の鉄鍋が、すき焼きの美味しさを引き出します。

152 庖丁の年越し
一年間お世話になった道具に感謝して、新しい気持ちで新年を迎えます。

153 布巾
白い布巾は気持ちがいい！　布巾をきれいに保つコツ

156 いい庖丁

一月

160 祝箸
松の内は特別な箸を使います。小さな道具で気持ちも改まります。

161 鏡開き
武家のならわしである鏡開きに庖丁は使いません

164 玉子焼き鍋
江戸前の玉子焼きは出汁も入れないし、くるくる巻きません。

165 鬼おろし
しもつかれやみぞれ鍋に欠かせない道具

168 行平鍋
七草粥の前夜は、七つの道具を並べて無病息災を願い、邪気を祓います。

169 鬼簾
華やかな伊達巻は鬼簾で作ります。

172 ● 江戸前の玉子焼き

二月

176 桝
旧暦では、豆撒きは大晦日の大事な行事でした

179 伊賀焼の土鍋
いい土鍋はすべて目止めが必要です。

180 落し蓋
二月の節分に福を呼ぶ桝大根

181 お事汁
二月八日は魔除けとして屋上に笊を高く掲げます。

184 南部鉄瓶
世界遺産の建築家、ブルーノ・タウトも認めた岩手の南部鉄瓶

185 巻き簾
日本は世界で一番「巻き食」が多い国

188 ● 握り鋏づくし

三月

192 抜き型
季節のものを食べてよりよく生きる。それが日本料理の考え方です

196 天ぷら鍋
三月は春の摘草の季節。「あがる」天ぷらは縁起のいい料理です。

197 押し寿司型
雛祭りには、子孫繁栄、長寿の願いを込めて菱型のものを食べましょう

200 ゆき平鍋
ハマグリの潮汁は日本料理の原点。夫婦円満を祈りながらいただきます。

201 刺身庖丁
文献に記された日本最古の料理は刺身

204 ● 鍋づくし

206 さくいん

はじめに

編集部

結婚直後、転職のために会社を辞めた友人は、同じ部署の仲間達から、餞別として木屋の鋼の牛刀をプレゼントされました。新婚の彼女のために、料理に役立つ最高級の庖丁を、そして新しい職場で運を切り開く、道を切り開くように、という気持ちを込めて、みんなで木屋の庖丁を選んでくれたそうです。

それから一〇年経っても彼女はその庖丁を大切に使っています。たくさんの意味が込められた庖丁に、「便利な道具」以上の、「生きる力になるお守り」のような頼もしさを感じるそうです。

昭和三十年代から、日本の昔ながらの道具は、家庭からどんどん消えていきました。でも、それは最近の数十年のこと。

日本人が、昔ながらの道具を使ってきた時間は千年以上です。長い年月を経て残る道具は、使われている木・土・金属、技術に理由があります。人々はそんな道具に無病息災、開運招福を

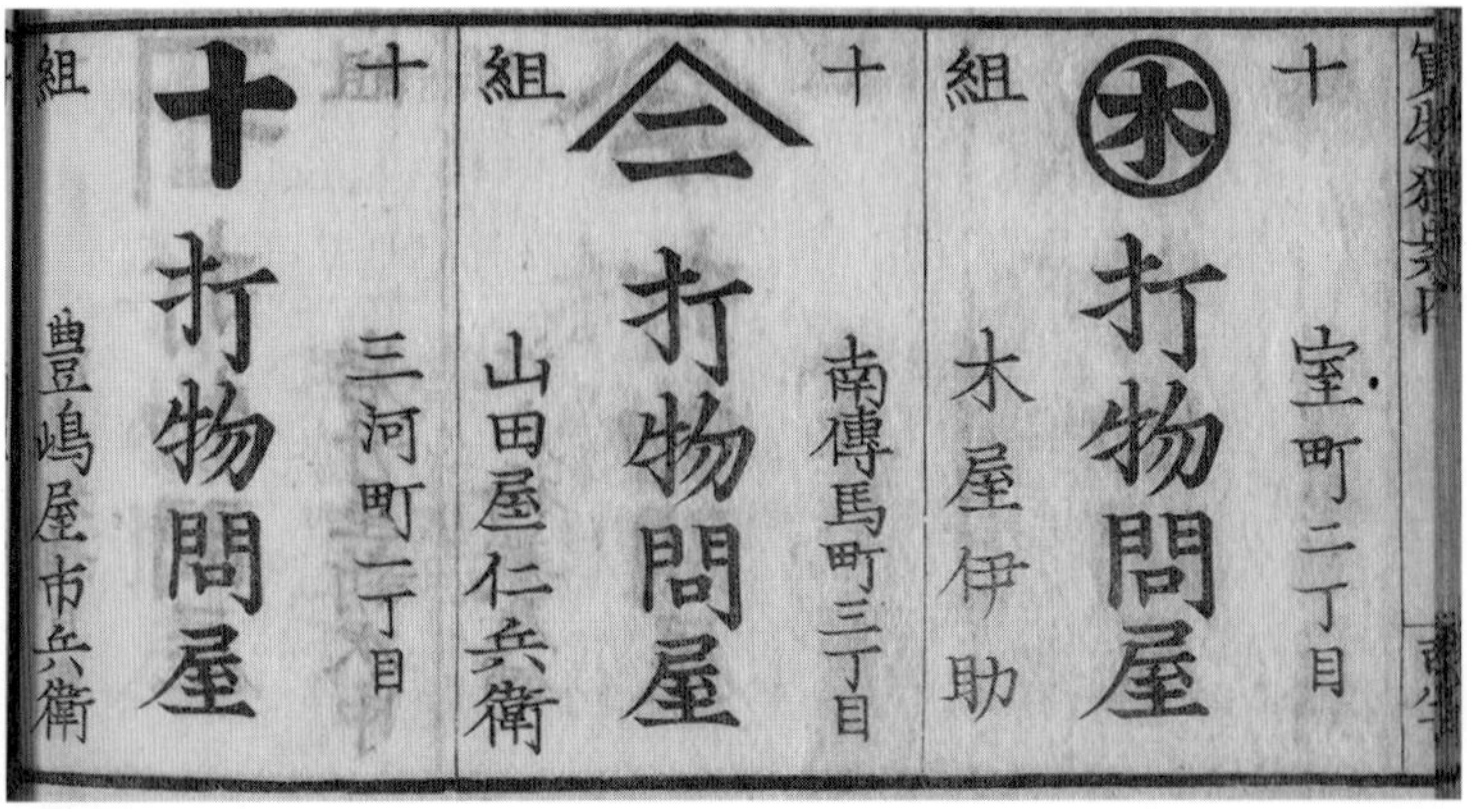

『江戸買物独案内』より

願い、共に四季の行事を祝い、年を取ってきました。

人々に使われてきた道具には、ここぞというときに力になってくれる強さがあるものです。現代の手軽な道具の中に一つ、昔ながらの日本の道具を取り入れてみてはいかがでしょう。本書は老舗の木屋が選んだ昔ながらの道具を紹介する一冊です。

刃物の木屋は、寛政四（一七九二）年に創業し、庖丁や大工道具をはじめとする、暮らしの道具全般を扱っています。

初代・加藤伊助は、本家の木屋が扱わない打物（金属器具）の問屋として、暖簾分けされました。

木屋の総本家は、天正元（一五七一）年に創業した大阪の薬種商です。徳川家康の招きで当主の弟が日本橋本町三丁目に移り、塗物・漆器の店を開いたのが、江戸の本家となりました。

暖簾分けされた木屋は他にも三味線、化粧品、象牙など複数あり、全盛期は日本橋室町二丁目三丁目の通りの片側を占めるほどで、「室町に花咲く木屋の紺のれん」と言われたそうです。

文化二（一八〇五）年頃の木屋は、「熙代勝覧《きだいしょうらん》」で見ることができます。現在、ベルリン東洋美術館に収蔵されていますが、

三越本店の隣にあった木屋。昭和二六（一九五一）年頃年撮影。三越拡張に伴い、室町一丁目へ移転します

関東震災後に竣工し、第二次大戦末期に強制疎開で取り壊されるまでの木屋。昭和五年頃撮影。正面のみが赤レンガで三階建て

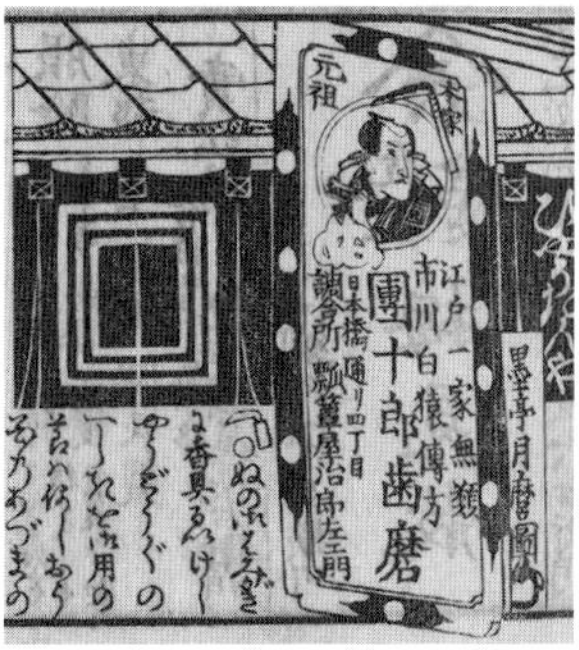

江戸時代はひょうたん屋の「団十郎歯磨」という商品もありました

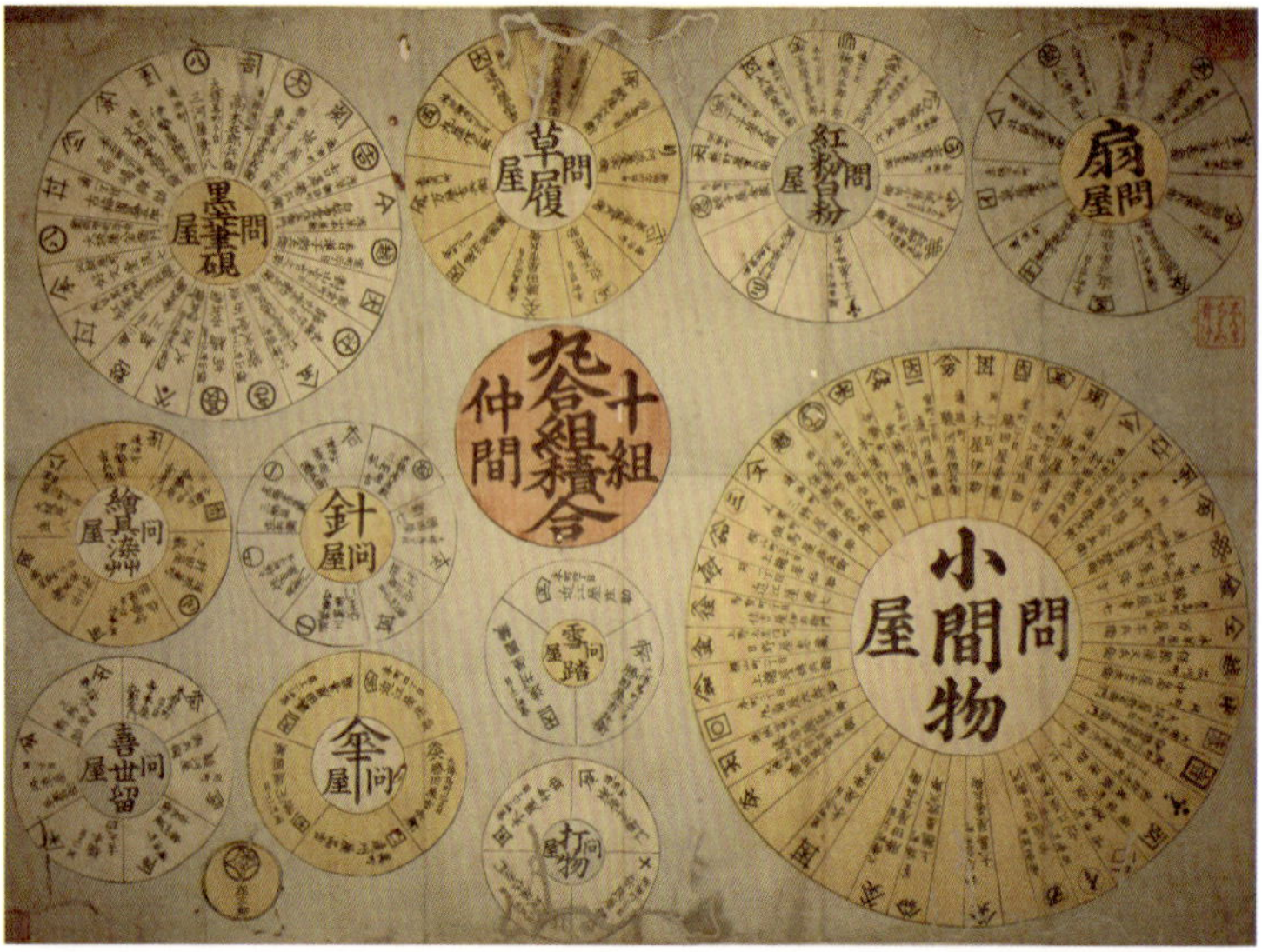

上）「煕代勝覧」より。今川橋（千代田区鍛冶町）から日本橋までの大通りを俯瞰した絵巻物。右端の店が刃物の木屋

下）三井文庫所蔵の十組問屋の図。刃物の木屋は創業当時に江戸十組問屋の株を購入しています。

有力商人達で仲間を結成し、菱垣廻船の手配などを行っていました。中央下の打物問屋に木屋の名前があります。

地下鉄三越前駅の地下通路に複製品が展示されています。

　木屋の歴史の古さを物語るのが、市川團十郎との関わりです。木屋の最高級の庖丁や鉋《かんな》、ハサミは、團十郎という名前で、木屋の買い物袋にも、市川團十郎の定紋である三升《みます》があしらわれています。江戸末期〜明治時代、人気役者だった九代目市川團十郎にあやかって庖丁を売り出したのが始まりです。

　三越劇場で、十二代市川團十郎さんが新派の「日本橋」（泉鏡花作）を演じたときは、その記念に木屋から、料理好きな團十郎さんに庖丁を贈ったそうです。しかし團十郎さんが左利きであることが後からわかり、急いで左利き用の庖丁をもう一度届けたというエピソードが残っています。

　團十郎のネーミングのように、木屋は昔から新しいいいものを取り入れる気風がありました。「ラグビー」「ハット」という新しい言葉に目を付け、商標登録しているのもその例です。髭剃り、鰹節削り器、ポケット型の爪切りの普及にも、木屋は大きな役割を果たしました。

　また、戦後はステンレスの庖丁の開発に力を注ぎ、「ステンレ

木屋の買い物袋の三升

昭和六十（一九八五）年頃の木屋。同じビルに永藤という老舗のレストランも入っていました。そのレストランは現在、タロー書房になりました。

スの庖丁＝切れない」というイメージの払拭にも一役買っています。ステンレスの庖丁も優れたものはよく切れ、研いで好みの切れ味に育てていくことができることを世に知らしめました。

現在も、J・A・ヘンケルスのハサミ、プジョーのミル、アドラーのハサミ、メルクールの髭剃り、ストウブやル・クルーゼの鍋など、世界の一流の道具をいちはやく日本に広めています。

本書のために約一年に渡ってお話を伺ったのは、総務企画部長の石田克由さんです。石田さんは、昭和二十（一九四五）年に神奈川県で生まれ、昭和四十四（一九六九）年に木屋に入社しました。営業と商品開発の仕事で、北海道から九州まで、全国を回り、現在は大学の公開講座や文化センターで、庖丁の歴史、食材との相性、正しい研ぎ方に関する講座を行っています。

石田さんにとって道具とは？　とお伺いしたところ、次のようにおっしゃいました。

「先人が営々と築いてきた生活の中で培われた知恵により、進化してきたものです。特に庖丁を例にとると、日本の庖丁は世界でも類を見ない独特な形と構造を持っています。

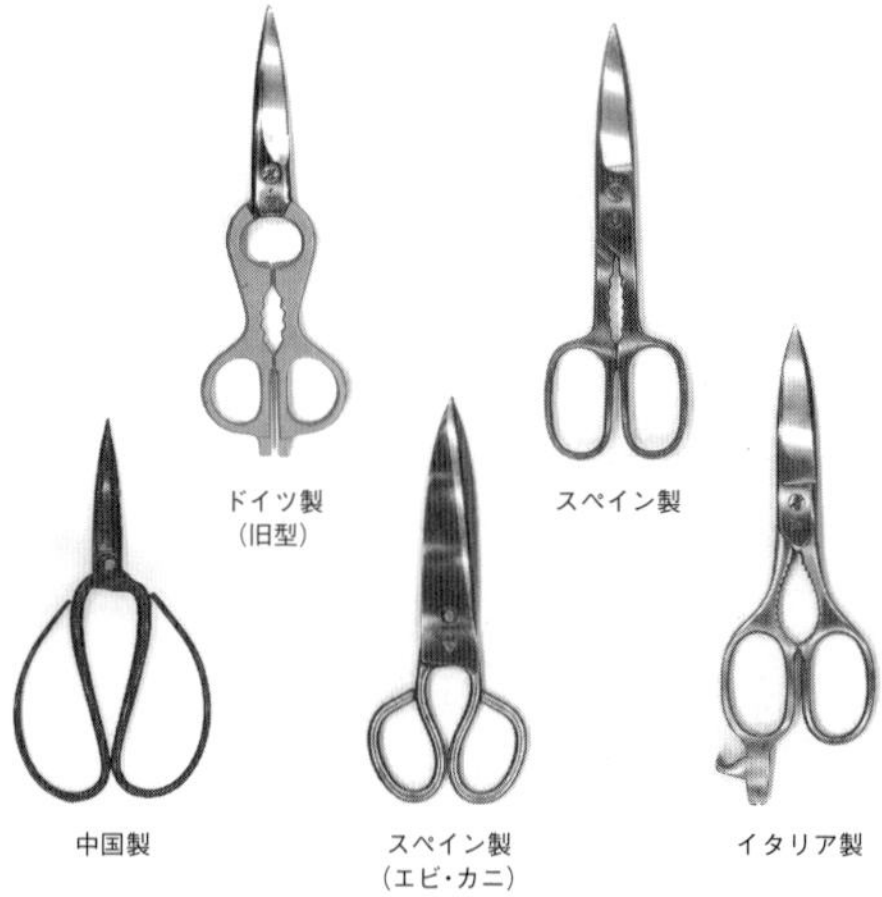

東京オリンピックの頃に会長が世界で集めてきたはさみ

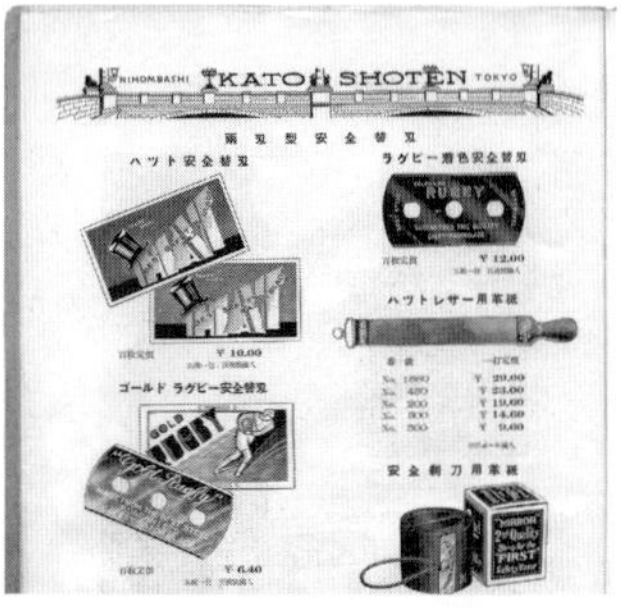

ゴールド　ラグビー安全替刃

周りを海に囲まれた島国日本では、古来より魚介を主に食べていました。魚を美味しく食べるために、切れ味の良さを最高に発揮してくれる片刃で鋼と軟鉄を組み合わせ、研ぎやすくした庖丁がいつしか使われるようになり、今日に至っています。

和庖丁をはじめ日本の伝統・伝承技術によって造られ、使われて来た生活の道具の影が戦後薄くなったように感じます。

鉄、木、竹、陶磁などの素材を活かしたこんな素晴らしい道具と上手に付き合うためにどうしたらよいのか？　私たち使い手もそのための知識と知恵が必要です。

戦前の日本人が当たり前のように備えていた道具を使いこなす術を思い起こし、美しい日本の道具と仲良くしていきたいものです」

木屋カタログ大正十四年一月版

木屋カタログ昭和十三年版

実際に料理を作り、木屋のみなさん愛用の
道具をお借りして、本書を作りました

四月

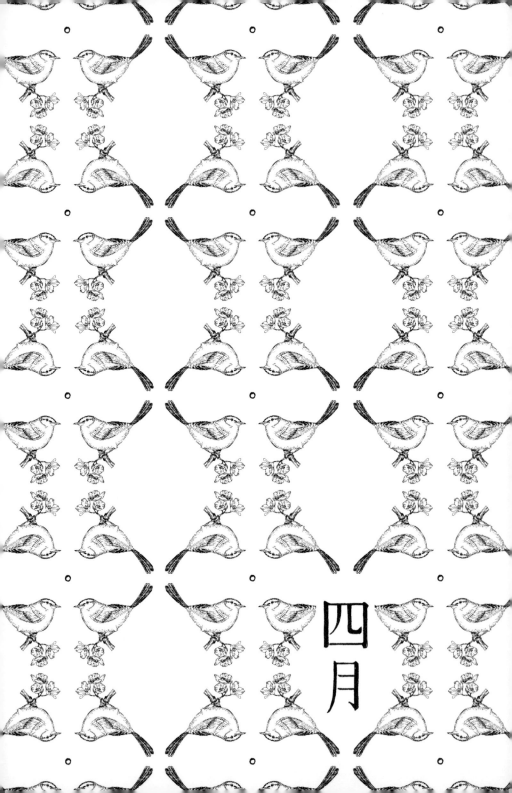

二十四節気では、
四月の上旬は「清明」です。

すべてが生き生きとし、空気が清らか。陽光が明るく、新芽がどんな草になるかわかる季節。

下旬は「穀雨」と言われ、春雨が降って穀物を育てる季節です。

四月は新生活を始めるにふさわしい季節。新しい道具と一緒にスタートを切ってみては。

菜切庖丁

昔の日本で一番の定番だった庖丁。野菜を切るのに最も適しています。かつては日々いかに野菜を食べていたかがよくわかります。

おろし金

銅のおろし金ですりおろすのが一番美味しい。江戸時代の百科事典『和漢三才図会』（一七一二年）にも、おろし金は「銅で作る」と書いてあります。

菜切庖丁は「なっきりぼうちょう」と読みます。

菜切庖丁は和庖丁の定番。昔の日本で一番使われていた庖丁です。野菜を切ったり刻んだりするのに最も便利に使えるよう作られています。

「なっきりぼうちょう」と読んでください。

和庖丁は表と裏の形が違う「片刃」がほとんどで、切れ味が鋭く繊細なものが多いです。しかし、菜切庖丁は両面同じように研ぎ込んだ「諸刃」で、刃幅が広くて安定感があるので、カボチャや白菜など大きな野菜を、力を入れて切ることに適しています。

また、切っ先がなくて刃が真っ直ぐなので、大根を千六本にしたり、たくあんやキュウリをすばやく輪切りにするのも大得意。

昭和三十八（一九六三）年が舞台となっているスタジオジブリのアニメ『コクリコ坂から』（二〇一一年公開）でも、主人公の海が菜切庖丁でキャベツを千切りにして、ハムエッグと味噌汁の美味しそうな朝食を作っています。

切ったつもりが切れてない漬物というと、サザエさんを思い出しませんか？ 11巻（朝日文庫１３５ページ）に、サザエさんが台所の手伝いをして、漬物が切れてない場面があります。

銅製のおろし金が一番美味しい。そして一生使えます。

四月は初鰹《はつがつお》が出回りはじめる季節。

生姜《しょうが》、にんにく、大根をたっぷりかけて食べましょう。すりおろした薬味には、身体の調子を整える酵素がいっぱい含まれています。

そして、おろし金は銅製のものを選んでください。

銅製のおろし金ですりおろすのが一番美味しいです。

銅はやわらかいので、職人の手でおろし金の目を作ることができます。手作りなので、目は不揃いに。それが美味しさの理由になります。ただし、わさびだけは、鮫皮《さめがわ》や陶器のおろし器を使いましょう（148ページ参照）。

大根は表の粗い目で。生姜やにんにくは裏の細かな目で。

おろし金は十年〜二十年で切れ味が衰えます。銅製ならば、「目立て」をして職人さんに目を作り直してもらいましょう。目立ては二〜三回できます。木屋をはじめ目立てができる刃物店で買えば「一生ものの道具」になるわけです。

『守貞漫稿』より

初鰹は初物の代表例。初物にあまりに高値が付けられたため江戸時代に「初物禁止令」が出されたほど、日本人は初物が大好きでした。

曲輪拭漆の弁当箱

木屋の弁当箱は樹齢二〇〇年を越える木曽ヒノキで作られています。そんな長生きの木で作られる道具もなくなりつつあります。

田楽串

江戸時代は田楽《でんがく》が多種多様ありました。春の訪れを知らせる山椒《さんしょう》の木の芽味噌を使った豆腐田楽の人気が、現代まで受け継がれています。

木の弁当箱が再び見直されています。

プラスティックやステンレスなど、いろんな材質の弁当箱がありますが、木の弁当箱には再び注目されるだけの良さがあるのです。

樹齢二〇〇年以上のヒノキを使っている木屋の弁当箱のように、何百年と生きた木を使用した弁当箱は、耐水効果のある油分を木が長年かけてたっぷり蓄えているので、食べ物を安心して持ち運ぶことができます。

また、天然の木は通気性がいいので、他の材質に比べて、ご飯やおかずがいたみにくい。

そして、なんといっても軽い。

いいものは値段がちょっと高いですが、手作りの木の弁当箱は、天然の漆《うるし》がはがれてきたらもう一度塗りなおすことができ、曲《まげ》輪《わ》や山桜の皮の留め具が壊れても修理することもできます。大事に使えば「一生ものの道具」にできるわけです。

木屋の弁当箱は蓋《ふた》の本体と側板がヒノキで、蓋の天板と本体の底板がサワラ。サワラは水に強く匂いのない木材なので、食べ物を扱う道具によく使われます。

春の訪れを知らせる木の芽田楽

いまでは田楽《でんがく》を食べる機会はほとんどなくなってしまいましたが、昔は豆腐から蒟蒻《こんにゃく》、ナス、里芋、魚まで、田楽は人気のメニューでした。

何故、田楽が人気だったかというと、寿司、天ぷら、蕎麦と同じく、串で手軽に食べられる屋台料理、ファストフードだったからです。

その中でも、春の訪れを感じさせる、山椒《さんしょう》の木の芽を混ぜた味噌の田楽は人気で、現代まで受け継がれています。

木の芽田楽のオリジナルは京都の二軒茶屋。江戸に現れたのはそれを模した店でした。

しかし二股に分かれた串を二本、豆腐に貫き通す京阪風と違い、江戸風は二股に分かれてない串を一本だけ貫き通します。

花見の食べ物としても人気だった木の芽味噌の田楽。

青竹でできた木屋の田楽串は目にもさわやかな春を感じさせてくれます。

味噌だれも京阪風と江戸風で異なります。白味噌を用いて木の芽もすり込んだものが京阪風、赤味噌で木の芽をたれの上に置くのが江戸風。京都の二軒茶屋では現在も京阪風の木の芽味噌の田楽を食べることができます。

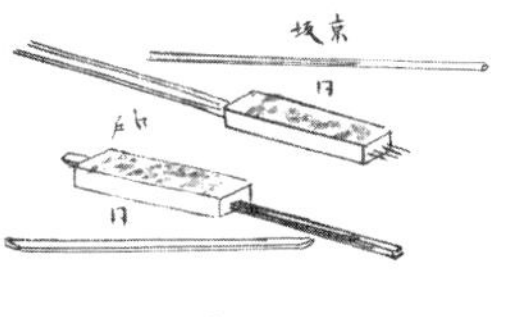

『守貞漫稿』より

焼き網

トースターより焼き網の方が早くパンをトーストできます。しかも外はカリカリ。中はもちもち。焦げ目もきれいで、美味しそうです。

ヘンケルスのキッチンばさみ

世界のトップブランドのキッチンばさみ。木屋は日本で初めて、昭和三十五(一九六〇)年からヘンケルスのキッチンばさみを販売しました。

焼き網作りは大阪・京都の職人にかないません。

焼き網は直火で使うので、とても壊れやすい道具。手でていねいに作られたものが一番長持ちします。

そしてこればかりは大阪・京都の職人が作るものにかないません。

関西には、腕のいい職人が手作りしている焼き網のメーカーがたくさんあります。

木屋の焼き網も大阪の素晴らしい職人が手作りしたものです。

ていねいに作られた焼き網は、枠と網の接合部を見るとわかります。ピシッと手で折り込まれて美しく、しっかりしているものを選びましょう。

適当に作られたものは、この接合部が雑に溶接され、直火に当てて使っているうちに、ここから壊れていきます。

なにげない日用品ですが、長く使えるものかどうか、作り手によって大きく差が出る道具の一つです。

焼き網の上に耐熱性のコップを置いて温めることもできます。電子レンジなしで少量の飲み物やスープなどを温められるのは意外と便利です。ただし下にセラミック板などを敷いてコップを直火に当てないように気をつけましょう。

大阪万博をきっかけに日本にキッチンばさみが定着した！

「料理にはさみを使う？」と思っていた日本人にキッチンばさみが広まったのは、昭和四五（一九七〇）年の大阪万博からです。ドイツ館でヘンケルスのキッチンばさみを販売したところ（木屋が日本の代理店でした）、異例の大ヒットとなりました。

当時、キッチンばさみは高級品。

大ヒットを記念して、木屋の社員全員に一個ずつ、ヘンケルスのキッチンばさみがプレゼントされたそうです。

ヘンケルス（正式名はツヴィリングJ・Aヘンケルス）はドイツのゾーリンゲンにある一七三一年創業の老舗。一九三八年にキッチンばさみを発売して以来、世界トップブランドの人気とクオリティを誇っています。

機能的な形は発売以来、変わっていません。

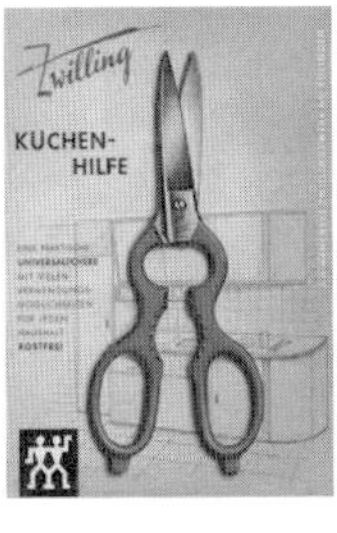

大阪万博からは他に、ブルガリア館に菌を分けてもらった明治乳業のヨーグルト、世界で初めて自動販売機で売られたUCCの缶コーヒーなどのヒット商品が誕生しています。

箸の使い分け

天削《てんそげ》、利久《りきゅう》、柳箸、竹箸、元禄、小判……。日本の多様な箸の使い分け、ちゃんとできてますか？　知らない人も多いのではないでしょうか。日本では箸は神事にも使われる道具で、あらたまった席であればあるほど、神聖さ清浄さが重視されます。日常使う箸は汚れが染みない塗り箸が一般的で、その他、象牙・黒檀・つげなどの銘木が使われますが、それら繰り返し使う箸をお客様に出すのは失礼というならわしがあるので覚えておきましょう。大衆食堂においても、使った箸を必ず捨て、お客様に新しい割り箸を出すのはそのためです。

大事なお客様に出していい割り箸

天削箸

箸の上を鋭利に削ったもので、割り箸の中でも最高級品とされ、大事なお客様に出しても失礼にならない。神社の千木《ちぎ》をかたどっており、利久箸や祝箸の「両口箸」同様、片方は人が食べるために使い、もう片方は神様が食べるために使う「神人共食」の意味がある。

利久箸

割り箸の中でも高級品とされているのが、利久形のものである。やや平たく、中ほどが太く、両端が細くなっている「両口箸」で、面取りがされている。茶人の千利休が考案した卵中を元に、後に作られた割り箸。大事なお客様に出しても失礼にならないとされている。

正月や節句に使う

祝箸

末広がりの「八」の縁起箸として八寸（二四センチ）の柳の白木箸を用いる。柳は春一番に芽吹くめでたい木で、丈夫で折れにくく、清浄な白肌が邪気を拔うという言われがある。祝い事の正式の箸。両方の先端が細い「両口箸」で、中ほどが太めの「俵箸（はらみ箸）」が特徴。160ページも参照。

茶事に使う・大事なお客様に出す

利久箸（卵中）

木屋の利久箸はエゾ松を使用。エゾ松は匂いが少なく、日本人好みの色合いで、昔から神具などによく使われている。茶事や懐石料理だけでなく、大切なお客様に出してもいい。食物が箸に付かないよう使う前に水に漬けて、水気を拭き取ってから出すのがおすすめ。

茶事で食べ物を取り分ける

竹箸

茶事、懐石料理で食物を取り分けたりする際に用いる。竹の箸は滑りにくく、軽くて使いやすく、デザインに味わいがある。和の場所に限らず、おもてなしのテーブルで用いるなど活用しよう。本来、竹箸は流儀や料理によって青竹・白竹・箸の形などが異なり、さらに奥深い。

自家用・弁当用の気軽な箸

元禄箸

割り箸の割り目に溝があり、持ち手側と使う側の四つの角が落とされている元禄箸は中級品。大事なお客様に出すには失礼にあたる。自家用、弁当用ならば問題ない。その格下としては、角だけが落とされていて割り目のない小判、角があって割り目しかない丁六がある。

五月

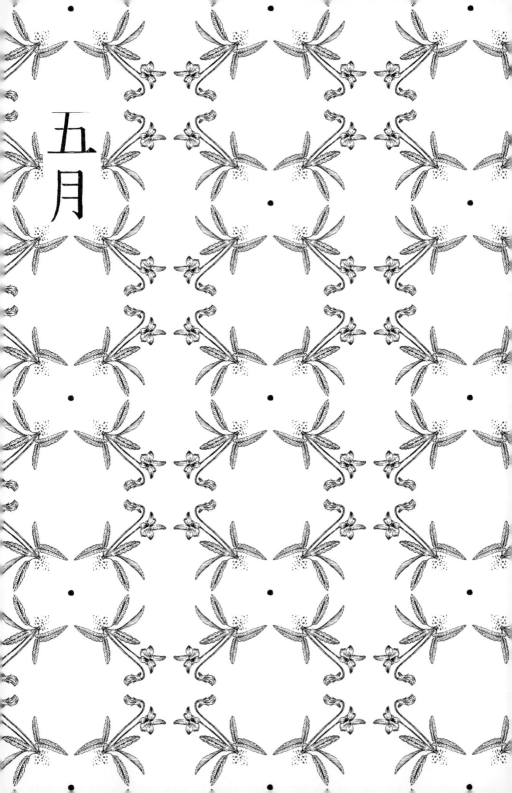

厳しい冬を乗り越え、春の陽気で育った食材は、「香り」や「苦味」に現れるパワーがいっぱい。一年に一度しか味わえない新茶も楽しみです。

そして旅行、お祭りのシーズンでもあります。

「立夏」「小満」と呼ばれていた昔もいまも、五月は夏めいてきた陽気にウキウキする季節です。

常滑焼の急須

急須を選ぶコツは欲張って大きいものを買わないこと。飲みたい量しか入らない大きさがベスト。急須は小さい方が美味しいお茶が淹《い》れられます。

親子鍋

春に旬を迎える三つ葉と卵の相性の良さを楽しめる親子丼。誕生は明治時代ですが発明者には諸説あります。そして親子鍋の発明者も誰かはわかりません。

マイセンもロイヤルコペンハーゲンもかなわない！常滑に受け継がれているもの

木屋は常滑《とこなめ》焼の急須にこだわりました。

常滑焼の土は粒子が細かいので、思い通りに成形しやすい、かつ粘りがあるので、目の細かい茶漉し部分を作ることができます。

そんな土があるからこそ、常滑では、どんな高級なマイセンやロイヤルコペンハーゲンのポットもかなわない技術が、古くから受け継がれているのです。

例えば「蓋摺《ふたす》り」。蓋と本体がていねいに摺り合わされ、蓋を被せれば逆さにしてもお茶が漏れない密閉状態になります。

そして、お茶を注いでも、注ぎ口から裏漏れしません。

茶漉し部分の驚くべき細かさも、常滑の高資陶苑に伝わるすごい技術です。

釉薬《ゆうやく》を塗っていない常滑焼の急須は、使うほど光沢が深くなり、お茶の香りや成分を吸着させ、雑味を取るとも言われています。急須の価値の一つは、育てる楽しみです。

茶漉し部分

ベネディクト・カンバーバッチ主演の人気ドラマ『SHERLOCK』シーズン1の第2話「死を呼ぶ暗号」でも、使えば使うほど艶が出て、美味しいお茶が淹《い》れられる急須が大活躍。四〇〇年以上の歴史を持つ急須が、事件解決の鍵を握ります。

三つ葉は三春の季語
縁を結ぶ晴れやかな食材

三つ葉の旬は三月から初夏。俳句でも、三つ葉は三春《さんしゅん》（二月〜五月）の季語。数少ない日本原産の野菜です。

三つ葉を一本、さっと湯に通し、半分に折って、くるっと一回結んだものを、「結び三つ葉」と言います。

お雑煮をはじめ、祝いの席の吸い物などに、結び三つ葉をあしらう習慣があることをご存知ですか？

簡単に誰でもできて、「縁を結ぶ」というめでたい意味を持つ、素敵なならわしです。

三つ葉と相性のいい卵も、春が旬。旬の卵と三つ葉で親子丼を作るなら、卵の半熟具合を完璧にコントロールできる親子鍋を使うのが一番おすすめです。

親子丼は、温めた出汁の中に鶏肉や玉ねぎ、卵など冷たい食材を加えて作るので、鍋の材質は、均等にすばやく熱を通すアルミや銅が最も適しています。

根三つ葉は野生的な風味。切り三つ葉は茎が白く上品な風味でお正月などに使われます。糸三つ葉は根三つ葉より風味が優しく、やわらかいです。

『大和本草』より

味噌漉し

昔のように、味噌の大豆の粒を漉す必要はなくなりましたが、数種類の味噌を合わせたり、少量の食材を洗ったり湯切りするのに味噌漉しは便利。

竹皮

春の日の竹皮とおにぎりには、優美な国宝を残した画家・尾形光琳（一六五八〜一七一六年）の華麗な伝説が残されています。

味噌漉しは縁起の悪い道具？

「笊屋《ざるや》」という落語があります。笊屋は普段、「笊屋ァ〜味噌漉しィ〜」という売り声で商売をします。しかし味噌漉しを持つことを「味噌漉しを下げる」と言うため、味噌漉しで止めるのは縁起が悪いということで、主人公はその後に「米が揚がる〜、米揚げざる」と続けて縁起を担ぎます。

すると、その売り声が気に入られ、株屋の家に招かれます。そこでさらに「暖簾を上げる」「荷を上げる」「上野」「芸者を上げる」「茶屋に上がる」と縁起のいい言葉を並べまくり、株屋の主人を担ぐという話です。

江戸時代の百科事典『和漢三才図会』でも、味噌漉しと米揚げ笊は並んで紹介され、どちらもかつてはおなじみの道具でした。

味噌漉しだって、食材を入れたり洗ったり湯切りにも使うので、「味噌漉しですくい上げる」「茹で上げる」と言えば、縁起のいい道具になるわけです。

言葉遊びで気分を盛り上げる工夫は、すぐ真似したい生活の知恵でしょう。

江戸末期に「味噌漉格子」という柄が流行りました。細くて細かい格子に、太くて大きな格子を配したものです。細い竹を編んで、太い竹で補強してある味噌漉しに似ているのでこの名前が付きました。

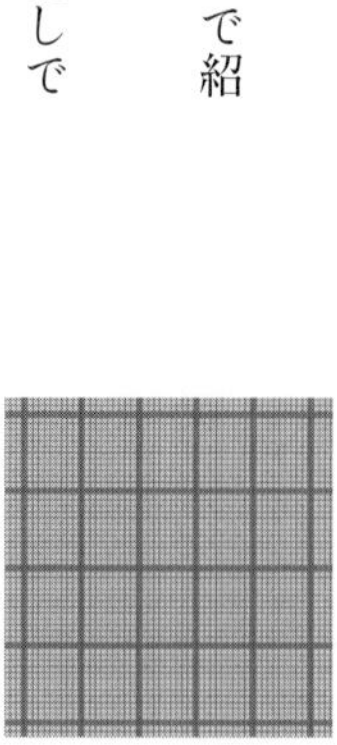

おにぎりの形から
パワーをもらう

おにぎりの元祖は兵士の食べ物。江戸では芝居見物の弁当としてよく食べられていました。おかずは蒟蒻《こんにゃく》・焼豆腐・蒲鉾・玉子焼きです（『守貞漫稿』より）。

手に塩を付けて握るのもいまと同じ。関西では俵型に黒ゴマを振りかけたもの、江戸では丸型と三角型が主流で、おにぎりの木型も江戸時代からありました。俵型も丸も三角も、ハレの場にふさわしい形です。長旅や大事な外出時は、縁起のいい形のおにぎりを持って、パワーをもらいましょう。

竹皮とおにぎりには、「燕子花図」などの作品を残した尾形光琳にまつわるエピソードがあります。

京都の豪商が集って嵐山へ遊びにいったところ、光琳が竹皮に包まれたおにぎりを取り出しました。京都一の豪商の息子で贅沢を知り尽くしている光琳の粗末な弁当にみな驚いていると、竹皮の裏側には金箔と銀箔をあしらった自筆の絵が。そして食べ終わると、光琳はその竹皮を静かに川へ流したそうです。

日本料理の「光琳笹」という器（竹皮に金箔をほどこした）は、尾形光琳の弁当の話から誕生しました。竹皮は防腐効果があり、余分な湿気を吸収するので、古くから食材を包む道具として使われています。『和漢三才図会』にも竹皮に包まれた羊羹と外郎の絵が掲載されています。

羊羹

中出刃包丁

五月は鯖《さば》に縁の深い行事があります。鯖、鯵《あじ》、鰯《いわし》、鰹《かつお》……、家庭に中《ちゅう》出《で》刃《ば》包丁が一本あれば、たいていの魚をおろすことができます。

アルミ打ち出し寸胴鍋

表面の模様は金槌《かなづち》で打った槌目《つちめ》。鍋を補強し、表面積を増やすことで熱の伝わりをよくします。古くから行われている日本ならではの工夫です。

五月見舞いに焼鯖そうめん

鯖《さば》の旬は秋ですが、北大路魯山人は若狭の春鯖を「脂の乗り塩梅《あんばい》が申し分なくたまらない」と書いています。

その若狭湾から近い滋賀県の湖北地方には、田植えの忙しい時期に、娘の嫁ぎ先へ実家から焼鯖を届ける「五月見舞い」という風習があります。

そして、春祭りや五月見舞いの祝いの料理として受け継がれているのが、焼鯖とそうめんを出汁《だし》で煮込んだ「焼鯖そうめん」です。

そもそも鯖はめでたい魚。お盆に「刺し鯖」（開いて干物にして二尾の頭を刺して一つに束ねたもの）を贈るならわしが日本全国にあったり、鯖寿司が祭りやお祝いの席で食べられてきました。

鯖をはじめ魚を家庭で頻繁におろすなら、中出刃《ちゅうでば》庖丁が一本あると便利です。小さな鰯《いわし》から大きな鰹《かつお》、鮭まで、家庭で食べる魚はほとんどおろせます。

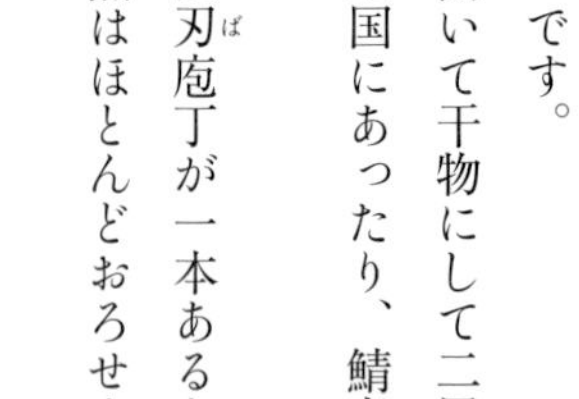

「都名所図会」より　葵祭の様子

五月十五日に京都で行われる葵祭のご馳走も鯖寿司。五六七年、風水害の影響で作物が実らず疫病が流行ったため、五穀豊穣を願って祭礼を行ったのが葵祭の始まりでした。『源氏物語』にも描かれている、歴史のある貴族の祭りです。

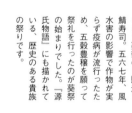

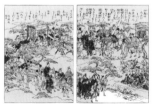

太鼓腹の鍋に対抗して寸胴鍋？

寸胴鍋《ずんどうなべ》は、西洋料理の深鍋「STOCKPOT」が日本に伝わったものです。「寸胴」という名前は、なかなか愉快。

ちなみにフランスのスープ鍋「MARMITE」は、「太鼓腹」の形をしていることが特徴とされています。

明治三十六（一九〇三）年から報知新聞に連載された料理小説『食道楽』にも、太鼓腹の西洋鍋「スープ鍋」の図が掲載されていました。

STOCKPOTはMARMITEよりはスマートということで、「寸胴鍋」と名付けられたのかもしれません。

寸胴鍋は口が狭くて蒸発しにくいので、鶏丸ごとや牛骨、野菜をたっぷり入れてスープを作ったり、大量の汁物・煮込みを作るにも便利です。木屋の寸胴鍋はアルミの打ち出しなので、無数の槌目《つちめ》で補強されています。表面積が増えるので、アルミの熱伝導率の良さもさらにアップします。

『食道楽』より
スープ鍋の図

アルミニウムがアルツハイマー病の原因になると言われ、アルミ鍋がデパートから消えた時期がありましたが、現在ではその説は完全に否定されています。かつては銅鍋の緑青が体に悪いと言われたこともありましたが、それも現在では害がないことが証明されました。いろんな鍋を安心して使ってください。

まな板を選ぶ

まな板を選ぶ時の基本は、木目や木の色が美しいこと。耐水効果のある油分を含んだ木の種類・樹齢であること。雑菌が繁殖する原因となる傷がつきにくい「硬さ」「復元性」があること。庖丁の刃をいためない「弾力性」があること。一般家庭で使うなら長さ三〇センチ以上ものを選ぶこと。硬質樹脂製のまな板は、カビが発生したり傷から雑菌が繁殖したりせず清潔に使えてよいですが、木のように弾力性がないので、庖丁の寿命を縮めるというデメリットがあります。刃物屋の本音としてはあまりおすすめできません。

まな板はネコに限る!?

昔の板前の間に「まな板はねこに限る」という言葉があったそうです。「え？　猫？」と思いますが、ねことはネコ柳のこと。しかし柳は種が混ざりやすいので、いまとなってはまな板に最適なネコ柳もなかなか存在しないそうです。

普通に売られているまな板の中では、「柾目《まさめ》」という均一な木目の、一枚板のものが変形しにくく、よいとされていますが、とても高価。木の年輪が見える「板目《いため》」という木目のものや、複数の板を張り合わせて作ったものも、いいものを選べば長く使えます。

柾目

板目

イチョウ

木目、色が美しい。大きいので一枚板のまな板が作りやすい。木の匂いに特徴があるが、数日置けば脱臭できる。イチョウにたっぷり含まれている油分にも耐水効果がある。刃当たりが均一で傷がつきにくく、清潔に使うことができる。

ヒノキ

木目、色が美しい。まな板に使える大きさのヒノキは、樹齢が約二〇〇年以上なので耐水効果のある油分が含まれていて清潔に使える。そんな樹齢のヒノキの数も限られている。いまのうちに買っておくのがおすすめ。

朴

色が緑かかっているが、まな板にふさわしい硬さがあり、傷がつきにくく、清潔に長く使える。料理研究家の辰己浜子は昭和四十年発売の「栄養と料理」に「朴の木のまな板がよいと言われるので、一枚大きいのを持っている」と書いている。

サワラ

まな板に使えるヒノキが少なくなっているため、サワラのまな板が増えている。木目や色が美しく、匂いがないのが特徴。桶や蓋《ふた》などの道具によく使われている木材である。弾力性があって刃こぼれしにくく、水に強いという利点がある。

六月

梅雨の到来。包丁が錆びやすい、木の道具にカビが生えやすい季節。

日々のメンテナンスを自分でやってこそ道具への愛着がいっそう湧くというものです。

いい道具は一生かけて何十年も使うことができます。洗い方やしまうときのコツを習得しましょう。

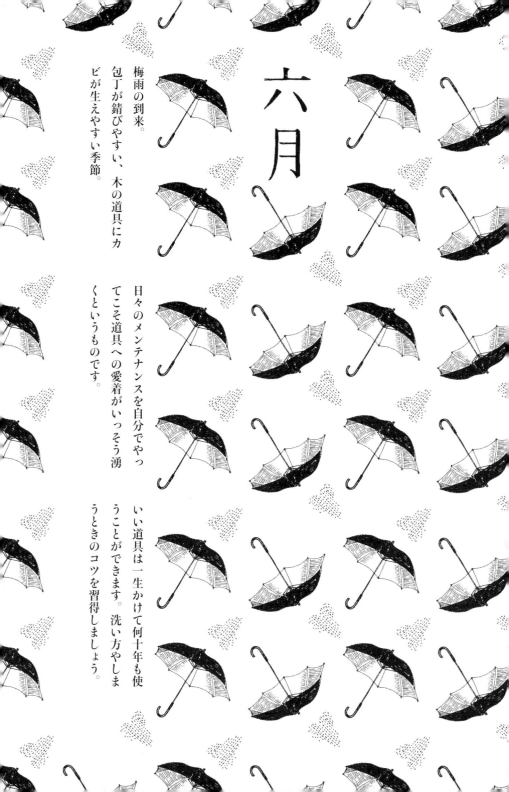

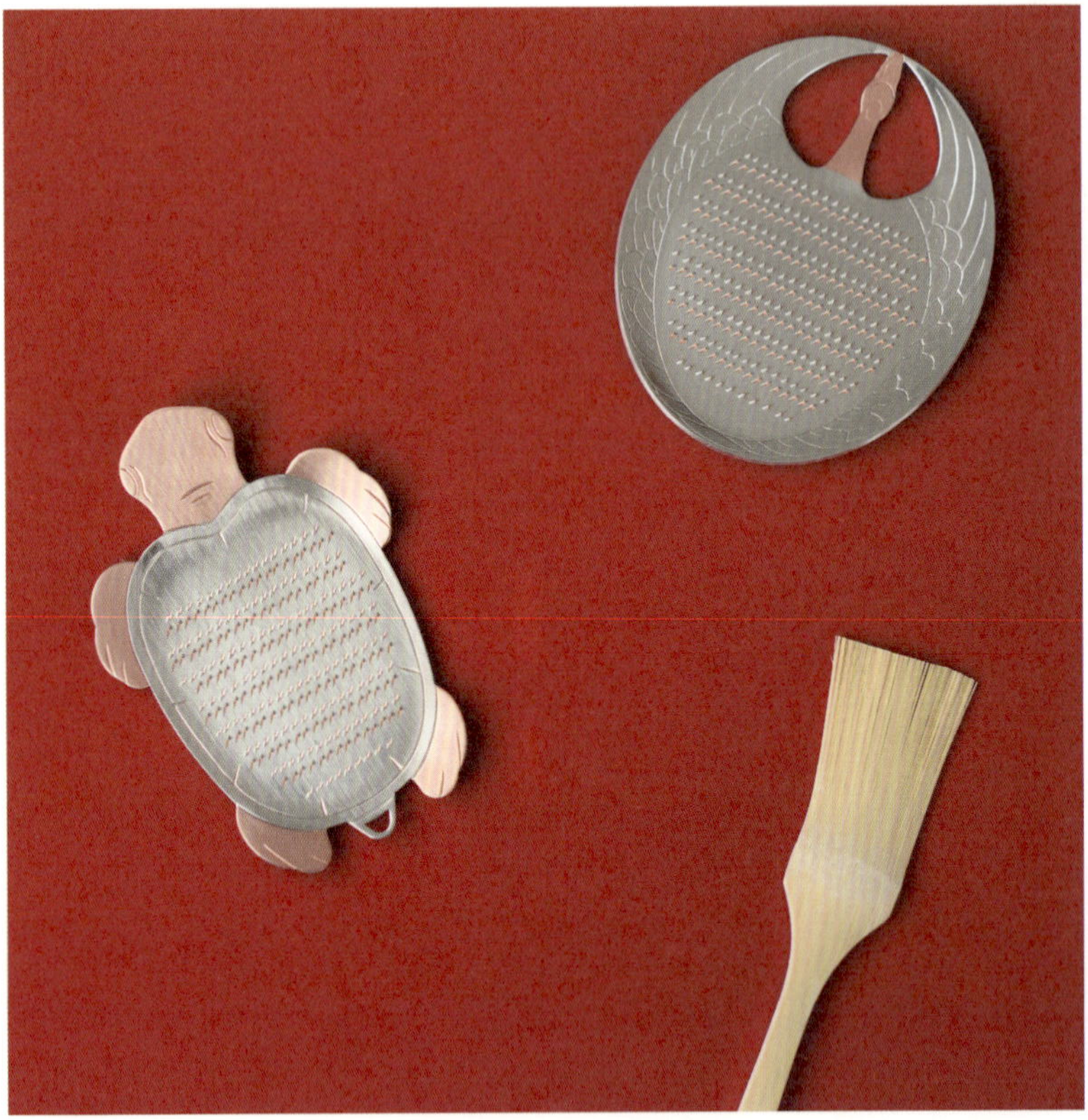

鶴亀のおろし金

鶴亀は古くから由緒正しい吉祥のモチーフ。鶴亀のおろし金は、木屋の銅製おろし金を作っている大矢製作所がデザインしました。

物相型

鮮やかな具を飾り付けてご飯を物相型《もっそうがた》で抜いたら、華やかなケーキのよう。結婚式や誕生日など、祝いの席に物相型を取り入れてみましょう。

白い亀をプレゼントされたことを祝い、六月十六日が嘉祥の日となりました。

六月に結婚した花嫁は幸せになれる、ジューンブライドの言い伝えは、欧米のもの。六月のＪＵＮＥは、ローマ神話のジュノ（ギリシャ神話のヘラ＝結婚・母性・貞節を司る女神）に由来しています。女神にあやかり、幸せな妻・母になりたいところですが、ヘラはそもそも略奪婚。彼女は夫の愛人やその子を焼き殺したり、蛇や巨人に襲わせたり、熊の姿に変えたり、かなり厄介な女性です。

二〇一四年ゼクシィの調査によると、挙式した月は全国的に十一月が多いのですが、六月は三番目くらいの人気。六月の伝説は日本でも有効なようです。

そんな結婚のお祝いに、めでたい鶴と亀のおろし金はいかがでしょう。

六月には、亀に縁がある嘉祥《かしょう》の行事もあります。

八四八年、白い亀が献上されたことを祝って元号が嘉祥と変えられ、六月十六日に、仁明天皇が臣下に十六に因んだ食べ物をご馳走しました。それが嘉祥食、嘉祥祝いの日となり、十六にまつわる食の行事が各地に伝えられています。

「千代田之御表　六月十六日嘉祥ノ図」

嘉祥のならわしはいろいろ。「十六個の菓子や餅を神に供えた後に食べる」「十六歳の女の子が袖を切って嘉祥縫にし、饅頭を盛った皿に穴を開けてそこから月を見る」など。そんなならわしに因んで現在、六月十六日は「和菓子の日」とされています。

美味しいからこそ少ない量を大切に食べる

禅寺の昼食、そして茶道の懐石を簡略化した料理・弁当を「点心」と言います。点心は物相飯《もっそうはん》を中心に、おかずを盛り合わせます。

物相飯とは、型で抜いたご飯のことです。

そもそも禅宗の食事はどんなに美味しくてもおかわりできません。大切に食べてもらうために、量も少なめです。

型で抜いて盛り切りにする物相飯にも、その考え方が表れています。

物相型のモチーフは、松、ひょうたん、梅、桜、松、扇、千鳥など、どれも日本に昔からあり、季節を感じさせ、縁起がいいものばかり。

物相型も押し寿司型の一つです。

鰆《さわら》の押抜鮓《おしぬきずし》が郷土料理として伝えられている香川には、扇などの形をした古い押抜型が残されています。押抜鮓をはじめ、鰆のご馳走をたくさん作って、親類縁者にふるまう行事を「春祝魚《はるいお》」と言うそうです。

仏に供えるご飯も、円柱状の型を使って高く盛られ、「物相飯」と言います。物相で山のように盛ったご飯を食べる祭りは各地にあり、茨城県には「大飯まつり」という鹿島神社の行事（十二月）が、福井県には「ごぼう講」という国中神社の祭り（二月）があります。

鰆の押抜鮓

常滑焼の甕

六月は梅干しを作りはじめる季節です。梅干はもともと戦地の食べ物で、上杉謙信や徳川家康も好んで食べていました。一般家庭の食べ物になるのは江戸時代からです。

飯台

家庭用の飯台《はんだい》が広まったのは昭和四十年代。月刊『栄養と料理』（昭和十年創刊）の昭和三十二年のちらし寿司のレシピでは、木鉢で酢飯を作っています。

六月は梅仕事の季節です。赤茶色の甕の秘密を知っていますか？

梅干しというと、黒いしずくのような模様が描いてある、赤茶色の甕《かめ》を思い出しませんか？

あれは常滑《とこなめ》焼です。

常滑焼の歴史は古く、九〇〇年前の平安時代末期から作られています。常滑の土は粘りがあるため大きな甕が作れることと、比較的低温で焼き締まることに利点があり、大型の貯蔵容器がたくさん作られてきました。

漬物作りで大切なことは、乳酸菌や酵母菌など発酵に必要な菌を育て、有害な菌を繁殖させないことです。陶器の甕は他の材質と比べて温度変化の影響を受けにくく、表面に傷がつきにくいため、漬物作りに適しています。

そして、陶器の場合、「塩こし」が起きて塩分が浸み出し、ヒビが入ったり割れてしまうことが多いのですが、よく焼き締まる常滑の甕は塩こしが起きないところが、漬物や梅干しにとても適していました。

定番の常滑焼の甕を作っていたメーカーが二〇一四年に廃業してしまいました。その在庫はまだ売られていますが、売り切れたら終わりです。何故、梅干しといえば、あの赤茶色の常滑焼の甕だったのか。理由がちゃんとあるのに、いつの間にか忘れられ、なくなってしまうのはもったいないことです。

常滑焼の甕のパッケージ

六月二七日は「ちらし寿司」の日。内田百閒も食べた岡山の寿司が由来です。

岡山のちらし寿司は、圧倒的な具の多さで有名です。

一六五一年に備前岡山藩で大洪水がおき、復興のため、藩主の池田光政が「食事は一汁一菜」と倹約令を出したところ、人々は法に対抗し、ちらし寿司の具をとことん贅沢にして一菜としました。それが岡山のちらし寿司の始まりとなり、後に、光政公にちなんで、その命日が「ちらし寿司の日」となります。

飯台《はんだい》が家庭で広く使用されはじめたのは昭和四十年代でした。それまでは業務用しかありませんでしたが、家庭用の飯台がデパートで売られるようになり、テレビの料理番組でも使用されたことをきっかけにヒットとなったそうです。

木屋の飯台は樹齢一三〇年以上の木曽サワラで作られています。サワラは匂いがなく、耐水作用のある油分を含む、水に強い木材です。樹齢が長い分、さらに良質な油分をたっぷり含むので、清潔に長く使うことができます。

岡山のちらし寿司については、岡山出身の小説家・内田百閒も「お祭鮨　魚島鮨」というエッセイに書いています。文中に書かれている具は、左記のように種類が多く贅沢です。

「干瓢、椎茸、木くらげ、高野豆腐、湯葉、こごり崑蒻、（ぎんなんを加えることもある）、さやゑんどう、くわゐ、うど、ふき、竹の子、牛蒡、にんじん、れんこん、カステラ（オ菓子ニアラズ厚焼ノ類也）、蒲鉾、海老、烏賊、鯛または平目、玉子焼、のり、紅生姜」（中公文庫『御馳走帖』より）

有田川町産
棕櫚の束子

束子《たわし》は三六〇度放射線状に繊維が出ているので、繊維の先端が必ずすみっこに当たり、弁当箱やお櫃もきれいに洗えます。煮沸消毒もできてとても清潔です。

砥石

幸田文や沢村貞子など、料理上手な人は自分で庖丁を研ぎました。砥石で挑戦してみましょう。失敗したらプロにメンテナンスしてもらえばいいのです。

梅雨の季節に知っておきたい！まな板が一番清潔になる洗い方

六月は梅雨の季節。まな板をはじめ、木製品にカビが生えやすい季節です。

まな板は束子《たわし》と粗塩を使ってゴシゴシ洗うと、一番きれいになります。生肉や生魚を切った後のまな板も同じです。

中性洗剤とスポンジを使うと、実は洗剤が想像以上に落ちにくく、すすぎ残しがカビの原因になります。洗剤を使いたい場合は、二〜三倍に水で薄め、「これできれいにすすげた」と思う、さらにその二〜三倍すすぎましょう。

束子は複数常備して使い分け、束子そのものを清潔に保つことが大事です。

現在唯一の国産束子である、和歌山県有田川町産棕櫚《しゅろ》束子は、化学薬品を使わない昔ながらの方法で作られています。牛蒡《ごぼう》や芋の泥落しや皮むき、肌を擦《こす》るにも安心。海外産束子よりしなやかで、テフロン加工やガラスも傷つけません。東京會舘の料理長からは、昆布を使う前に棕櫚の束子で表面をなでるようにして汚れを落とすと、昆布に傷が入らず良い出汁がひけると聞いています。

束子を作る棕櫚皮職人と国産の棕櫚皮の伝統はもうとだえていました。それを復活させて唯一作られているのが、木屋でも売っている高田耕造商店の束子です。束子は「点」で汚れを落とします。こびり付いた汚れや焦げ付きは水で汚れを浮かしてから、軽く掻き落としてください。

江戸時代の掃除道具。束子の登場は明治時代。『和漢三才図会』より

六月は錆びやすい季節だからこそ、庖丁を研ぐ。庖丁を錆びさせない。

砥石は粗いもの、中間のもの、仕上げ用、大きく三つあります。

初心者は「中砥」を使ってください。

家庭用の庖丁ならば、中砥でステンレスも鋼も研ぐことができます。ステンレスも研ぐと切れ味がよくなるのです。

研いでいると砥石も平らでなくなってくるので、メンテナンスしましょう。最も簡単なやり方は、まずホームセンターやアマゾンで、三〇〇〇円ほどで売られている、約三〇センチ四方の敷石か庭石を買います。そして敷石と砥石を水で濡らして、敷石の上で砥石を擦《こす》ってください。これで平らになります。

庖丁は錆びにも要注意。特に六月は錆びが発生しやすい季節です。庖丁を使った後、水に濡らし、「サビトール　中目」という道具で磨いて、しっかりと乾かして片付けましょう。サビトールがない場合は、庖丁に粉末クレンザーをかけて、コルクの栓で磨くという方法もあります。

庖丁を研いだり、錆びないように磨いたりする場合の粉末クレンザーは、ニューホーミングクレンザーや、スーパーホーミングなどが入手しやすくておすすめです。

片刃庖丁の研ぎ方

自分で使う道具は自分でメンテナンスして欲しい……それが刃物屋の本音です。木屋が伝えてきた研ぎかたを実践すれば、どなたでも包丁が研げるようになります。自分でこまめに研げば、いい切れ味を保つことができ、庖丁を長持ちさせられ、料理が美味しくなります。一般のご家庭で使うなら、まずは「中砥」の砥石を用意してください(58ページ)。もちろん、「研ぎ方がわからない」「研ぐのがめんどう」という方は、無理せずにプロに任せばいいのです。自分で研いで失敗したなと思ったときも、刃物屋に持っていってください。木屋はもちろん、刃物屋はたいてい、きちんとメンテナンスしてくれます。

1

包丁は四五度に

砥石を水に濡らし、下に濡れ布巾を敷いて、縦に置きます。庖丁は砥石に対して四五度に置いてください。右手で持ったときに右側になる庖丁の面を砥石に当てます。

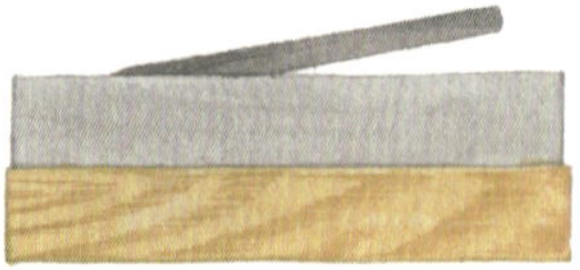

2

砥石に対して刃は斜め

片刃包丁の場合は、切刃に斜めに角度がついています。まずは、その刃の角度に沿って、砥石に当ててください。そしてその角度から少しだけ峰を起こして研ぎましょう。

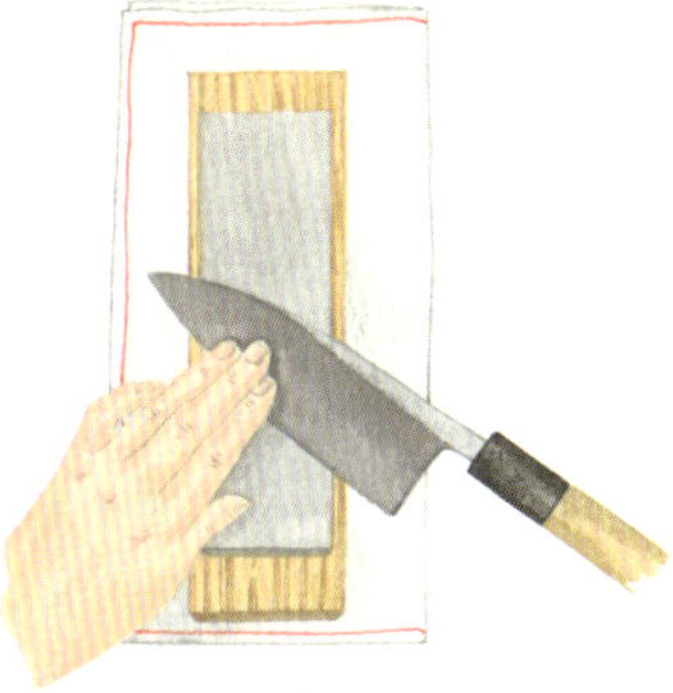

3

指を三本添えて研ぐ

刃に軽く左手の三本の指を添え、上下に動かして研ぎます。研いでいる刃先にザラザラしたもの（カエリ・金属のまくれ）が出てきたら終了です。次に隣りの部分に指を添えて研ぎます。

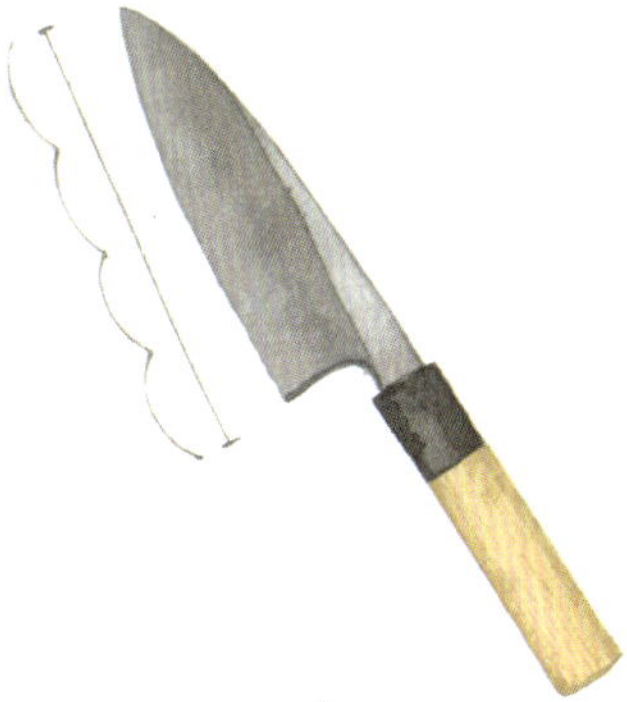

4

四箇所に分けて研ぐ

刃はいっきに全体を研ぐのではなく、四分の一ずつ、順番に研ぎます。表の後は裏も同じように研ぎましょう。ザラザラしたカエリが刃先全体に出るまで同様に研ぎます。

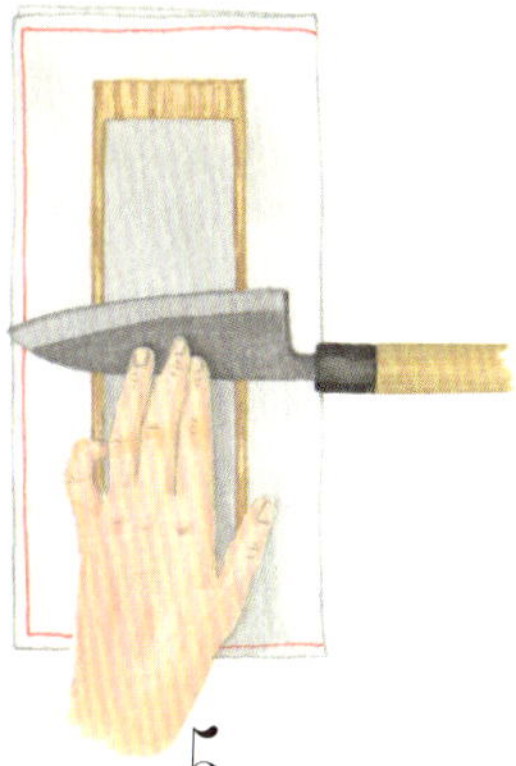

5

裏も研ぐ

裏面を研ぐときは、刃は砥石に対して九〇度に置きます。片刃の包丁の場合は、ペタリと平らに刃を砥石に当てましょう。裏も刃元から切っ先まで四分の一ずつ順に研ぎます。

6

木の台でカエリを取る

裏表を研ぎ終わったら、砥石の裏の木の台に刃を当てて軽く引き、刃先に付いている細かいカエリを取ります。最後に包丁を水洗いして、しっかり乾拭きすれば終了です。

七月

二十四節気では梅雨が明けた七月初旬から二十日頃が「小暑」、一年で最も暑いとされる七月下旬から八月上旬が「大暑」。

夏ならではの食材を美味しく食べる知恵、日本の夏を涼しく過ごす工夫を知って厳しい暑さに備えましょう。

ところ天突き

ところ天は風流で懐かしいだけの食べ物ではありません。その食物繊維の豊富さ、腸を整える効果、血糖値を下げる働きなどが注目されています。

中華せいろ

油を使わず蒸気だけで加熱する「せいろ」は、今後もっと注目されるべき健康で安全な道具。美しく編まれた真竹の蓋《ふた》が、中華せいろの特徴です。

ところ天は仏様の鏡

昔から、ところ天は夏の暑さを避けるための重要な食べ物でした。

現在のように冷蔵庫や氷で冷えているわけではないのですが、ところ天は大人気。江戸時代の、夏の町角の絵にたくさん登場します。

絵を見ると使う道具は現在と同じ。ところ天突きで細く切って、お皿に盛っています。当時は砂糖や醤油、生姜《しょうが》と酢などをかけて食べられていました。

ところ天は精進料理の一つとして中国から伝わったこともあり、お盆のお供えもの、行事食にも用いられています。青森や長崎には、ところ天を「仏様の鏡」と呼ぶ地域があり、丸や四角に切ってお供えするならわしが伝えられてきました。ガラス細工のように美しいところ天から、人々は、涼しさだけでなく、神聖な力も得てきたのです。

現在、ところ天の食物繊維、血糖値を下げる働きが注目されています。室町時代から食べてきた人々の知恵に、やっと科学的な根拠が追いつきました。

ところ天売り『守貞漫稿』より

両国橋脇でところ天を売る屋台『絵本江戸爵』より 喜多川歌麿・挿絵

『職人尽絵詞』より

油なしで加熱でき、余分な油を落とす、せいろはますます活用されるべき道具

七月はとうもろこし、ズッキーニ、オクラ、ナス、パプリカが旬を迎えます。中華せいろで夏野菜を蒸せば、油を使わず、栄養素も逃さず健康的。余分な水分を木と真竹の蓋《ふた》が吸収するので、食材がふっくらとやわらかくなります。

木屋の中華せいろは、日本最高峰の職人、大川セイロ店の大川良夫さんが作っています。大川良夫さんは日本に唯一残る、馬毛の漉し器を作る職人です。大相撲の力水に使われる柄杓《ひしゃく》も納めています。

その蓋は、真竹の間にヒノキの経木《きょうぎ》が挟まれ、しっかり水分を吸収します。吉野ヒノキの曲輪《まげわ》を山桜皮で接着している本体（身）は、壊れても修理でき、国産材料でできているところも安心です。

せいろの元祖は「甑《こしき》」という、土やヒノキ、竹で作られた蒸し器。昭和三十年代までは一般家庭でも使われていました。『和漢三才図会』によると、甑の中の気の垢を、舌の傷に塗ると効くと言われていたそうです。

安いせいろは便利ですが、桜皮が単なる飾りで接着剤を使用しているものや、漂白剤や防カビ剤を用いた木材を使われているものも多く、壊れても修理できません。

甑。『和漢三才図会』より

漬物木桶

「木桶《きおけ》はカビや水漏れが心配」という人も、サワラなど、水に強くて耐水効果の高い油分を含む、しっかりとした木の桶を使えば難しいことはありません。

梅干しと笊

梅干しは昔からのならわしのとおり、毎日食べた方がいい食べ物。梅干しを手作りするなら梅を干す笊《ざる》は安いものでかまいません。大きいものが便利です。

発酵食品は昔ながらの木桶で作ります。

夏野菜でぬか漬けを楽しみましょう。

漬物用の容器は琺瑯《ほうろう》、プラスティック、陶器、ガラスなどを使うことが多いですが、発酵食品を作る際は、木桶《きおけ》が一番という声も高いです。

天然の木の桶は、発酵に必要な酵母菌や微生物が木肌に棲みつき、それが漬物を美味しく熟成してくれます。

木曽ヒノキの問屋によると、漬物屋が漬物桶を新調する際、古い木桶の榑（くれ=桶を作る短冊状の板）を一枚入れて作って欲しいと注文されるそうです。

古い榑に、その漬物屋の微生物が生きていて、その働きによって、新しい木桶でもその店ならではの味が醸し出せます。

木桶に生きている微生物がいかに大切か。

漬物だけでなく、日本酒、味噌、醤油などたくさんの発酵食品が、現在でも木桶で仕込まれていることからもわかります。

『四季漬物塩嘉言』（一八三六年）という天保の漬物レシピ本でも、ぬか漬けは木桶で漬けられています。当時は塩の量がずいぶん多いですが、作り方は江戸時代も現在とほぼ同じです。

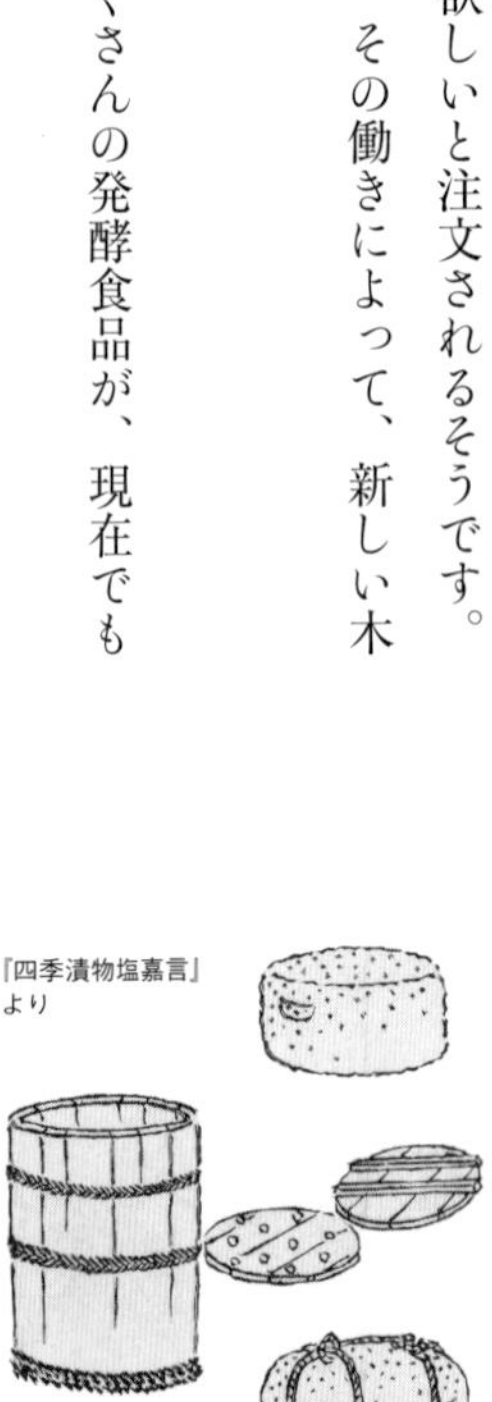

『四季漬物塩嘉言』より

「梅はその日の難逃れ」のことわざどおり、梅干しは毎日食べるべき食品です。

梅干しは塩と紫蘇と一緒に漬け込んだ後、梅雨が明けた頃に天日で干します。「土用干し」と言って、立秋の前の土用の期間に、約三日間干すのが一般的。

土用干しでは、衣類や書籍も陰干しして、カビや虫を防ぎます。

「土用」とは立春・立夏・立秋・立冬前の約十八日間です。夏の土用は七月二十日頃から八月六日頃までの、一年で一番暑い期間。土用は太陽の動きによって決まるので、年によって日付は異なります。夏の土用は夏バテ防止に、「う」のつくものを食べるとよいとされ、鰻《うなぎ》が有名ですが、梅干しもその一つです（ただし鰻と梅干しを一緒に食べてはダメとされています）。

特に、梅干しは「梅はその日の難逃れ」ということわざがあるほど、健康にいい、縁起のいい食品として、昔から一日の始まりに食べられてきました。

実際に、梅干しはクエン酸の効果で疲労を解消し、整腸作用があるため、毎日食べた方がいいことが科学的に証明されています。

『和漢三才図会』では、笊《ざる》は桑の実など食材を摘んで入れるもので、摜稲箪（ものほしむしろ）が穀物を干すための道具として紹介されています。しかし日本では摜稲箪よりも藁筵が穀物を干すために多く用いられると付け足されていました。

筐

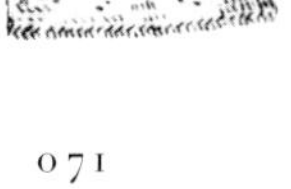

摜稲箪

そうめん

そうめんは大事な行事の食べ物。飯台で涼しさを演出しましょう。飯台は水を張って膨張させてから食卓へ。そうしないと水漏れします。

庖丁とトマト

写真の牛刀は木屋の総務部長の石田さんが四〇年以上使っているもの。二一センチの刃が現在はペティナイフのようですが切れ味は抜群。まさに一生の道具。

七夕、そしてお盆。そうめんは七月の大切な行事食です。

江戸時代には、七夕にそうめんをお供えしたり食べたり、贈ったりする習慣がありました。また、正月の次に大きな行事である七月の盆にも、そうめんは欠かせない食べ物です。

七夕にそうめんを食べる由来は、織女と彦星の伝説の天の川や織糸に見立てたという説の他に、人々に病をもたらす鬼神をしずめるためのならわしという説があります。中国の王の子が七月七日に亡くなり、一本足の鬼神となって人々に瘧病をもたらしたので、それをしずめるために命日に麦餅を供えたことから始まったと『和漢三才図会』にありました。

また、織女のように機織りや裁縫が上手になるよう願う、中国の行事「乞巧《きこう》奠《でん》」の索餅《さくへい》がそうめんの由来という説もあります。七月七日、女性たちは五色の糸を針に通し、糸に感謝し、小麦粉に卵と牛乳を混ぜて糸のように伸ばしたものを束にして油で揚げた索餅をお供えしたのだそうです。

そうめん売り
『和国諸職絵つくし』より

七夕
『和漢三才図会』より

『北斎漫画』より

トマトが切れにくくなったら庖丁を研ぐタイミングです。

庖丁はトマトが切れにくくなった、と感じたら研ぎましょう。玉ねぎを切って涙が出るのも、切れ味が悪い庖丁を使っているせいです。

トマトは夏野菜のイメージがありますが、本当の旬は春と秋。しかし、トマトの出荷量が一番多いのは夏なので、夏のトマトは値段も安いし、全国の畑では夏に向けて美味しいトマトが研究されています。

トマトが日本で食べられるようになったのは明治時代からです。しかし、明治時代の人気料理小説『食道楽』には「赤茄子は畠へ作ると沢山出来ますが食べ馴れない人は知らないで珍重しません。食べ馴れると実に美味いものです」とあり、まだ知る人ぞ知る野菜でした。しかし「赤茄子の味を知らざれば共に西洋料理を語るに足らず」と、ソース、スープ、ファルシ、サラダ、サンドウィッチ、ジャムなど、驚くべき多様なトマトのレシピが、文中で紹介されています。

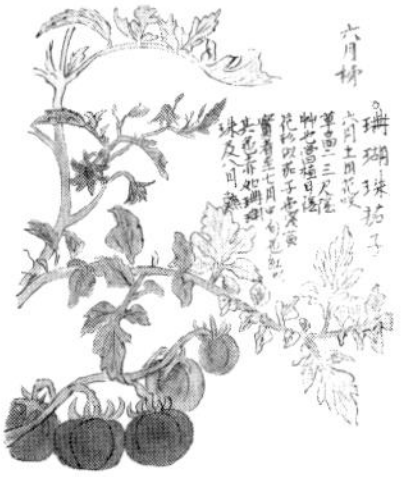

岐阜県の住職が一七九一年に描いたと言われている動植物図譜『東莠南畝識』に、「六月柿・珊瑚珠茄子」という名前でトマトが描かれています。六月に花が咲き、七月中旬に実が珊瑚のように赤くなり、八月に熟すとあります。

ぬか漬けレシピ

ぬか漬けは、ぬか床から出してすぐ食べるのが一番美味しい。自家製は美味しいし安いし無添加だし最高です。ぬか床を1日〜2日かき混ぜられないときは、表面に塩を多めに振り、ペーパータオルをぴったり被せて涼しい場所へ置きましょう。それ以上の日数、混ぜられない場合は、保存袋か密閉容器に入れて冷蔵庫に入れます。

材料

生ぬか　1・5キロ　※新鮮なもの

A［塩　225グラム（生ぬかの重量の15％）

　［水　6カップ

赤唐辛子　6本

レシピ作成　料理研究家 栄養士　今泉久美

1

生ぬかと塩水を混ぜる

ステンレスかホーローの鍋にAを煮立てて冷ます。木桶に生ぬかを入れ、冷ましたAとよく混ぜる。味噌くらいのやわらかさが目安。生ぬかは米屋やAmazonなどでも購入できる。

2

ぬか床を仕込む

赤唐辛子を入れて、表面を平らにならす。キャベツの外葉、大根の皮などのくず野菜を押し込むように入れ、表面を平らに整える。他に昆布などを加えてもいい。

3

毎日かき混ぜる

桶の内側に付いたぬかをペーパータオルや布巾などできれいに拭き取り、蓋をする。このぬか床を、夏は朝晩二回、冬は一日一回、底から全体的にかき混ぜる。

4

ぬか床が完成する

くず野菜がしんなりしたら入れ替える。最後は必ず表面を平らにして、桶の内側に付いたぬかを拭き取る。これを約一週間繰り返すと、ぬかの臭みが消え、滑らかになる。

5

野菜を漬ける

野菜を洗い、水気を切って漬ける。野菜の表面に塩を付けた方がよく漬かるが、好みで。きゅうりは約四時間。縦半分に切ったニンジンや皮付きのカブなどは半日から一日。

6

ぬか床のメンテナンス

ぬか床が減ったらぬかを足し、水抜きを差して水を抜く。水抜きは台所用品店で買える。漬けた野菜がすっぱいようなら塩を多めに加える。

八月

旧暦では八月七日は秋の始まり、「立秋」です。この日が一年で最も暑く、翌日からが残暑で、「秋の気が立つ」季節とされていました。

八月二三日からは「処暑」とされ、陽気がやっと穏やかになり、日差しや風に夏の終わりを感じる季節です。

福井のへら

漆を塗るために使われていた台形のへらが、料理用として使われることになる経緯には、「日本の生活デザインの父」と言われた秋岡芳夫が関わっています。

薄刃庖丁

大根の桂むき、刺身のつま、白髪ネギなど、野菜を繊細に皮むきしたり、刻んだりしたいなら薄刃庖丁を使いましょう。美しい切り口に惚れ惚れします。

三菱鉛筆ユニや特急あさかぜをデザインした秋岡芳夫が気に入った福井のへら

木屋では、福井の双葉商店が作っているイチョウのへらを販売しています。

この不思議な形のへらは、もともとは漆器の下塗りに用いる道具として、チシャの木で作られていました。

料理用に販売したのは、約三〇年前、工業デザイナーの秋岡芳夫氏が突然、双葉商店に来て、このへらを見て、アドバイスしたのがきっかけ。

このへらは薄くて木の質感に粘りがあり、テフロン加工のフライパンを傷つけることがないから、料理に向いていると言われたのだそうです。

現在ではチシャの木が少なくなったため、柾目《まさめ》のイチョウで職人が一本一本手作りしています。軽くて使いやすい上、柾目なので反りにくくて丈夫。イチョウに含まれた油分によって、水切れもいいです。

炒めもの、パンケーキや玉子焼きのフライ返し、トマトやマッシュポテトの裏漉しなど、幅広く使えます。

秋岡芳夫氏がデザインした道具の一つ、三菱鉛筆ユニ。日本の伝統色のえび茶と、ワインレッドを掛け合わせた色が特徴的です。

夏の固いキャベツを糸のような千切りにするには薄刃庖丁を使います。

キャベツの千切りを最も細かく作りたいなら薄刃《うすば》庖丁を使いましょう。粗く刻んだ方がやわらかくて甘い春キャベツと違い、夏の固いキャベツは糸のように千切りにすると食べやすいです。

薄刃庖丁は刀の表側を大きく研ぎ込んで、刃の幅が狭く薄い、繊細な庖丁。

庖丁は冷たいと欠けやすくなるので、気をつけましょう。

食物庫が野外にあった昔、寒い中で漬物を切っていて、庖丁が欠けてしまうこともよくあったそうです。

半解凍でまだ硬いものなどは、無理やり切らないように。鋼の庖丁もステンレスも同じです。

また、しっかり乾くようにコンロの火で炙ったりする人もいますが、直火も厳禁。庖丁は鍛えられ、磨かれ、完成している金属です。一〇〇℃を超えると質が変わります。

そうめん、冷奴、冷麺、サラダ、酢の物などの夏の食べ物に必須なのは「薬味」。薬味には、消化を助ける酵素、ビタミンがたくさん含まれています。薬味の代表と言えば大根おろし。大根とおろし金の小紋は「難に当たらない」「厄除け」の意味があるそうです。

大根とおろし金の小紋

プジョーのミル

木屋はプジョーのペッパーミルを昭和五七（一九八二）年から販売しています。なぜなら、プジョーのペッパーミルは、世界一だからです。

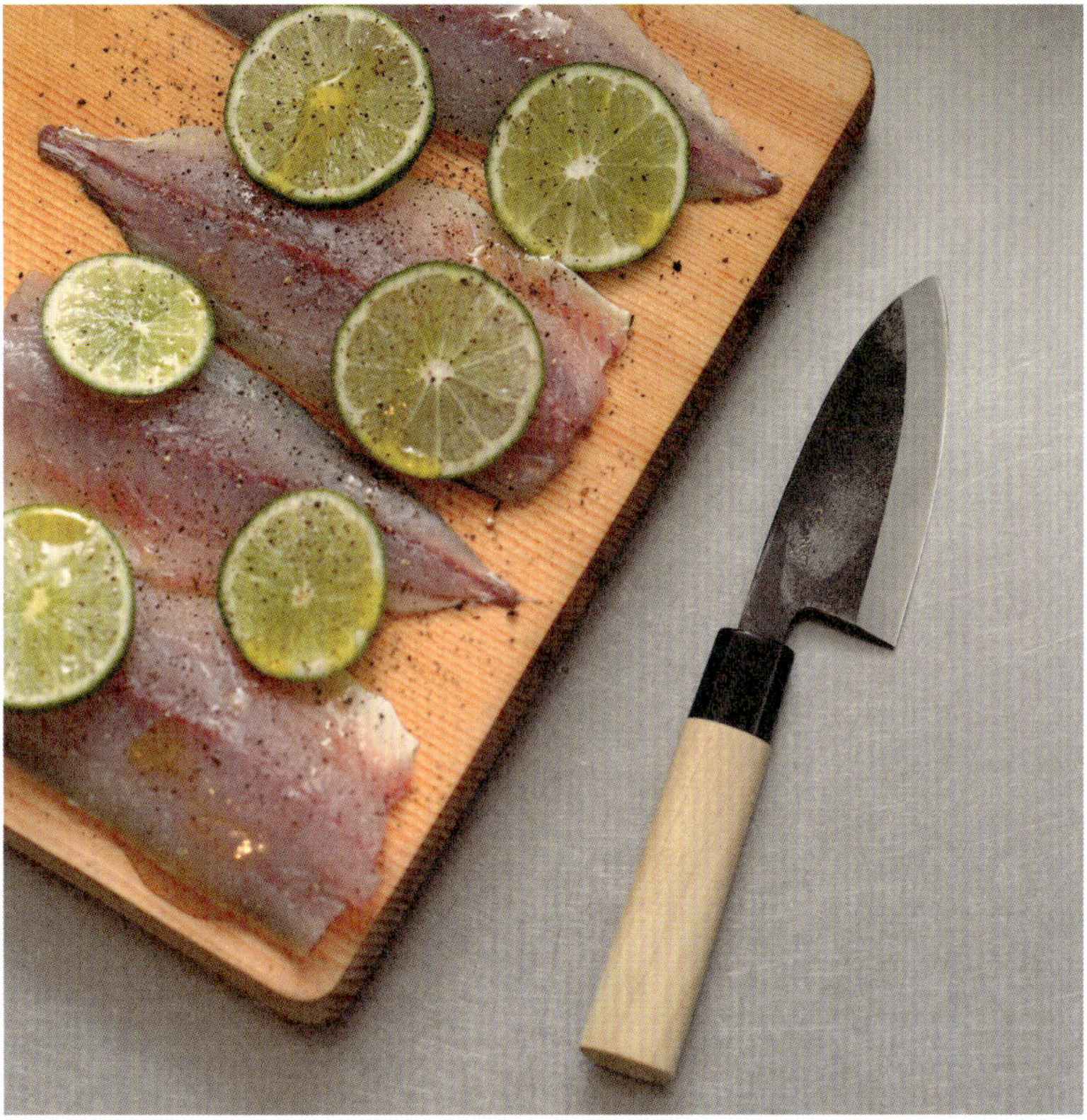

八月

鯵切包丁

夏に旬を迎える鯵《あじ》は、安くて栄養価の高い魚。鯵だけでなく鱚《きす》や鰯《いわし》など小さい魚をよく食べるご家庭は、鯵切《あじきり》包丁が一本あると便利です。

刃物屋が言うから間違いない！プジョーのグラインダー（刃）は世界一

ペッパーミルと言えば、いまでもプジョーが一番。

それはミルのグラインダー（刃）がすごいからです。

刃物の木屋が言うから間違いありません。

プジョーの歴史は、プジョー家の兄弟が、先祖から受け継いだ製粉所を製鋼作業所に変えた一八一〇年に始まります。そこで二人は、鋸《のこぎり》、ナイフ、フォークなどの各種道具を作成しました。そして一八四〇年にコーヒーミルの生産を始めます。このときに開発したグラインダーが基本となり、一八七四年にペッパーミルを発売。一八八九年には、現在の主力商品である自動車第一号をようやく完成させ、プジョーは世界最古の自動車量産メーカーとなりました。その礎には、世界一のペッパーミルを開発した技術があるのです。

胡椒は、代謝が落ちる夏にこそ食べたい食材。胡椒に含まれるペペリンは代謝促進、老化防止など美容効果も高い成分。黒胡椒の方が、香り高いです。


フジテレビの人気番組「SMAP×SMAP」の料理対戦コーナー「ビストロスマップ」で、勝ったチームに、ゲストのタモリがプレゼントしたのが、プジョーのペッパーミル。さすがな料理・機械いじりが好きなタモリ。選んだのは普通のペッパーミルではなく、電動で灯りの付いているものでした。

電動ペッパーミル
エリス　ライト付き

鯵の名前の由来は「その味の美をいふなり」

鯵切庖丁《あじきり》は刃渡り九センチくらいの、とても小さい庖丁です。小出刃庖丁《こでば》とも言います。

刃物屋の本音としては、家庭用に出刃庖丁を購入するなら、刃渡り一五センチほどの中出刃庖丁《ちゅうでば》を一本買えば事足りると言いたいところですが、小さくて使いやすく安価な鯵切庖丁は、和庖丁の入門として、親しみやすいのは確かでしょう。

鯵のような小さい魚ほど早く鮮度が落ちます。内臓からいたみが進むので、鯵を買って帰ったらすぐに、内臓やえらをきれいに取り除いて、海水ほどの濃さの塩水で洗いましょう。水気も匂いの原因になるので、必ずふき取ってください。

一七四六年刊行の料理書『黒白精味集』では、鯵の格付けは「中」。一七世紀頃刊行の『古今料理集』では「下」とされています。

新井白石が作った用語解説集『東都』（一七一七年刊行）には、アジの語源については詳しくはわからないが、「ある人の説にアヂとは味なり。その味の美をいふなりといへり」とあります。

伊賀焼の蚊遣り

土鍋などの陶器で有名な土地、伊賀では昔から動物の形などをした蚊遣《かや》りも作られていました。

ささら

掃除、厄除け、洗濯、儀式、楽器にも使われていた、大昔からある道具「ささら」。家に置いておくと、福を運んでくるような気がします。

現代の部屋に置いても美しい、伊賀焼の伝統を受け継ぐ蚊遣り

夏は、なるべくエアコンを用いず、窓を開けて過ごしたいものです。

窓を開けるには、虫除けの工夫が必要になります。

木屋では伊賀焼きの蚊遣りを販売しています。

付属している菊花線香は、いい香りの除虫草が主原料です。

合成着色剤や染色剤、農薬類を添加していないので、色は植物粉末の原料のまま。

ピレスロイド（化学合成殺虫成分の総称）もいっさい使っていないため、薬事法上、蚊取り線香とは認可されません。でも、その役割は充分果たします。

木屋が選んだ蚊遣りは伊賀焼の伝統を受け継いでいます。伊賀焼は桃山時代から力強い形を特徴としていました。

その品質は、完全耐熱で安全、かつ全面に施釉《せゆう》されているので、線香のヤニで汚れにくいです。

昔は、ヨモギやカヤ、杉などを燃やし、その煙で蚊を追い払っていました。明治三十八（一九〇五）年に刊行された『江戸府内絵本風俗往来』には、その蚊遣火の絵が掲載されています。暑い夏、上半身裸で、夫は晩酌、妻は蚊遣火を焚いています。

『江戸府内絵本風俗往来』より

厄除けにも使われる神聖な掃除道具

束子《たわし》がない時代に掃除に使われていたのが、竹でできたささらです。束子と同じく、掻き落とすように掃除できるので、フライパンや鍋のこびりついた汚れも落とすことができます。そして衣類の洗濯にも使われてきました。長くて手が汚れないところも便利です。木の道具なので、洗うときは洗剤をなるべく使わず、使う場合は二〜三倍に薄め、「これですすぎ終わったかな」と思う、その二倍はすすいで、よく乾かすことが、清潔に保つ秘訣です。

国文学者の折口信夫の祖父が宮司の養子となった飛鳥坐神社《あすかにいますじんじゃ》の、おんだ祭りでは、天狗と翁の面を被った男がささらで人々のお尻を叩きます。愛媛県の石手寺・節分祭では、厄除けとして赤鬼がささらで参拝者の背中を叩くそうです。東京・日野市の八坂神社のお祭りは、地面をささらで叩いて道を清めます。

ささらは、掃除に使われるだけでなく、昔から儀式にも用いられ、人や土地を清める神聖な力があると信じられていました。

『あづまの花』に収められている、台所道具ばかりが描かれた嘉永年間の切り抜き絵の中にも、ささらがありました。隣には藁や縄を丸めた掃除道具も描かれています。

『あづまの花』より

出汁のとり方

いい道具で、美味しい出汁《だし》をとりましょう。昆布と鰹節でとる出汁はやっぱり美味しいです。昆布はミネラルがたっぷり。鰹節は発酵食品。毎日飲んでいると、肌や腸の調子が違います。下記のレシピは、一番出汁のとり方です。一番出汁は、出汁の香りが大切なすまし汁などに使ってください。煮物や味噌汁には一番出汁のだしがらでとる二番出汁で充分。出汁がらに、一番出汁で使った半分の量の水を加えて火にかけ、沸騰したら弱火にします。そのまま五分間煮たら、新たに削った鰹節を一〇グラム加えて、さらに二分間煮てください。最後に布巾で漉せばできあがりです。

レシピ作成　料理研究家 栄養士　今泉久美

1

かつおぶしを選ぶ

鰹節は皮がある方が尾で、頭から削ることになります。血合い抜きと血合い入り、腹節か背節か、熟成度など種類があるので好みと予算で選びましょう。

2

削り器の刃を整える

削り器にはカンナのように刃が付いています。木槌で削り器の下方から叩くと刃が出て、上方から叩くと刃が引っ込みます。ほどよく出ていると薄く削れるので調整しましょう。

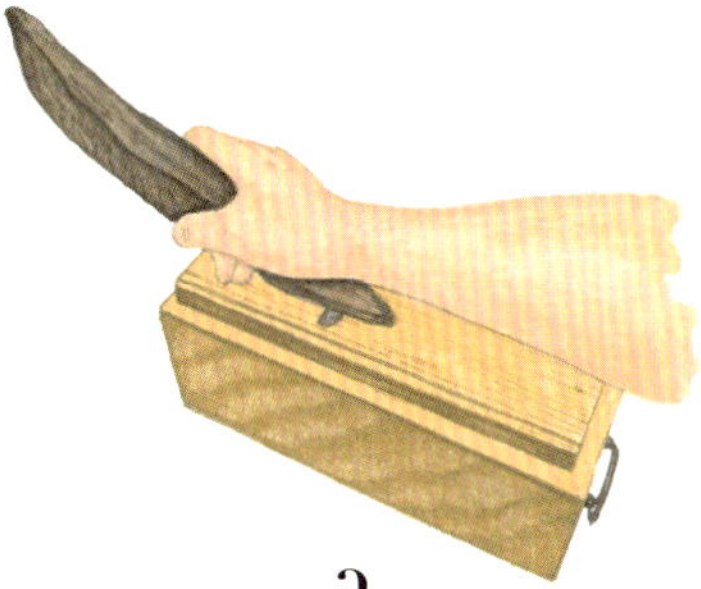

3

鰹節を削る

鰹節の頭の方にある平らな部分が刃に当たるように持ち、前後に動かせば鰹節が削れます。削るうちに平らな部分の面積が広がり、きれいな花がつおが削れるようになります。

4

昆布出汁をとる

アルミのゆき平鍋などに水を一リットルと砂をはらった昆布一〇グラムを入れて中火にかけます。煮立ちそうになったら昆布を取り出してください。

5

鰹出汁をとる

削り節を二〇グラム入れて菜箸で沈め、煮立ったら弱火にして、お玉でアクを取り除きましょう。アクを取ったら火を止めて、そのまま三分ほど置きます。

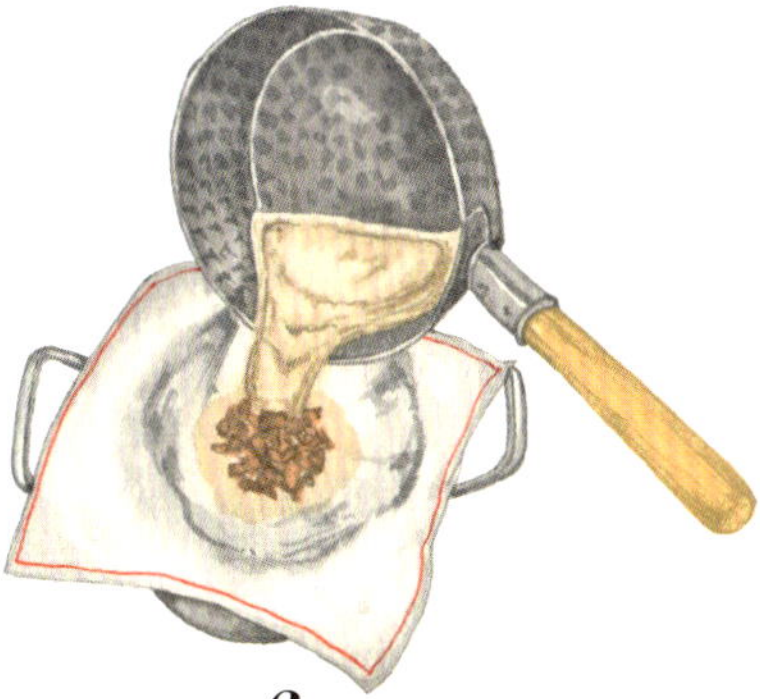

6

布巾で漉す

ボールに、布巾かペーパータオルを敷いた万能笊《ざる》を載せて、出汁を漉します。漉した後の出汁がらは、二番出汁に使いましょう。

九月

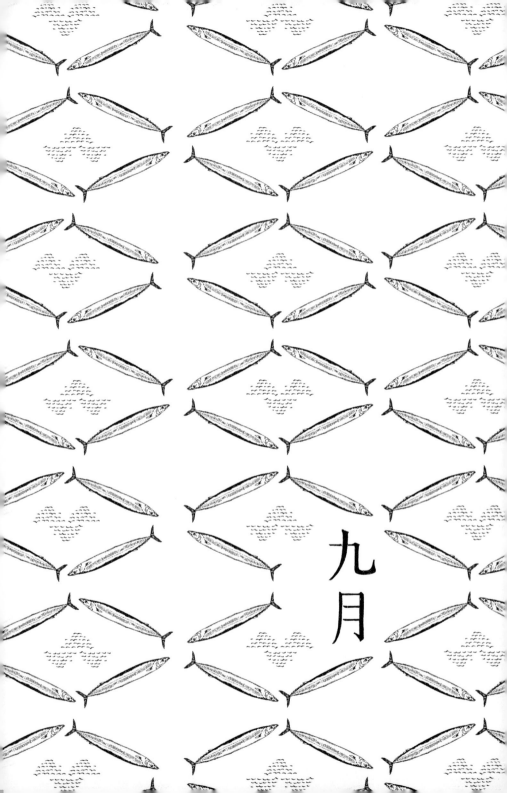

新米の季節がやって来ました。

時代が変わっても日本人はご飯が大好き。

では……、

「ご飯を最も美味しく食べるための道具は？」

と訊かれて、答えることができますか？

長年かけて培われてきた、
ご飯の豆知識を覚えておきましょう。

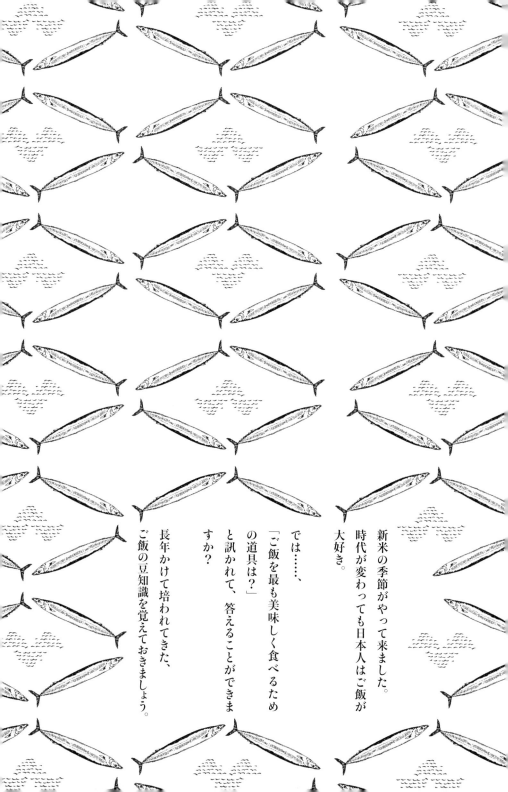

江戸櫃

「炊きたてのご飯＝最高」と思い込んでいませんか？ 炊きたてご飯をお櫃に移してからが、ご飯が一番美味しくなるのです。

栗むき器

古代から日本人は栗を食べて縁起をかついできました。そして実際に、栗はビタミン、食物繊維、ミネラル、でんぷんを豊富に含む万能食材です。

ご飯を一番美味しく食べるための道具

お櫃《ひつ》はなんのために必要なんですか？　と聞かれることがあります。「ご飯を一番美味しく食べるための道具です」とお答えしています。炊きたてのご飯を蒸らして、さっくり混ぜたら、お櫃に移してください。余分な水分を木が吸い取ってくれます。

そして、ご飯が冷えても、木の水分によって、パサパサになりません。お櫃にはサワラがよく用いられます。サワラは匂いがなく水に強いので、お櫃に適しているからです。木屋の江戸櫃もサワラで作られています。

静岡県の桜ヶ池では、豊作を願って、赤飯を入れたお櫃を湖に沈める祭りが約八〇〇年以上行われています。平安末期、五穀豊穣を祈願して自ら湖の底に沈んだ僧の化身である竜神に、お供えするためのものなのだそうです。毎年、全国から納められる数十個のお櫃が湖の底に沈められ、なぜか空になって浮き上がってきます。その謎は、遠州七不思議の一つとされているそうです。

『おはよう』（一九五九年）、『麦秋』（一九五一年）、『晩春』（一九四九年）、の小津安二郎監督作品を見ていても、江戸櫃が登場します。箍（たが）はどれも銅のようです。

『晩春』より

財宝のような黄金色！栗は古くから縁起のいい食べ物

栗の旬は九月から十月。どんな野菜も一年中出回るようになった現在でも、生栗は旬の時期にしか売っていません。

古来、栗は縁起のいい食べ物でした。

戦国時代からゲンをかつぐために用いられた勝栗。

黄金色に輝く財宝にたとえられ、お正月のお節料理にも必ず入っている栗きんとん。

九月九日（旧暦）の重陽《ちょうよう》の節句は、奇数の最大の数字が重なるおめでたい日で、旬の栗にちなんで栗ご飯を食べ、「栗節句」とも言われます。

そして九月十三日（旧暦）は、八月十五日の芋名月に対して、「栗名月」。月見団子と栗、枝豆をお供えして収穫に感謝します。

縁起をかついで、秋は栗を楽しみましょう。栗むき器があれば、鬼皮も渋皮も簡単にむくことができて便利です。

『古事記』で、吉野の住民たちが神や天皇に捧げた食べ物は、栗・菌《たけ》・年魚《あゆ》であるとされています。栗は日本の食の原点と言える、古来からある神聖な食べ物でした。

爆ぜる栗。『素人庖丁』より

鰹節削り器

木屋は江戸時代から大工道具を扱っています。こだわりの鉋《かんな》が使われている木屋の鰹節削り器は切れ味が違います。

七輪

秋に旬を迎えるサンマ。作家の幸田文は、サンマやサバの塩焼きは七輪のそばにしゃがんで、焼きたてをすぐ食べるのが一番美味しい食べかたと書いています。

現存する最古の鰹節削り器はアメリカの博物館にあります。

鰹節削り器は実は新しい道具です。葛飾北斎のスケッチ画集『北斎漫画』には、鰹節を小刀で削っている絵があります。当時の鰹節は、いまの荒節に近い、やわらかいものでした。福沢諭吉は『福翁自伝』に、刀を売ったので、代わりに脇差と鰹節小刀を差していたと書いています。横浜の貿易商の成毛金次郎が明治二十八（一八九五）年に刊行した『ドメスティックジャパン』には、「かつ節箱」として、鰹節と小さな庖丁が入っている箱が描かれていました。

現在確認されている最古の鰹節削り器は、E・S・モース博士が日本滞在中に使用した明治初期のものです。モース博士はアメリカから日本にやってきた動物学者で、明治十（一八七七）年に大森貝塚を発掘しました。

現在、モース博士の鰹節削り器は、アメリカのマサチューセッツ州セイラム市のピーボディー博物館に所蔵されています。そして削り器のみならず、岡倉天心がモースに贈った鰹節までそのままの形で保存されているから驚きです。

木屋ではモース博士が使用していたものを復元した鰹節削り器も販売しています。モースが書いた日本滞在記『日本その日その日』にも鰹節が登場します。

『北斎漫画』より

いい七輪は、石川県珠洲市の大きな一枚岩の珪藻土から切り出されます。

七輪の最古の製法は、大きな珪藻土《けいそうど》からノミで切り出して手掘りする「切り出し製法」です。

木屋の七輪もその製法で作られています。

これは石川県珠洲市（能登半島）の珪藻土でしかできません。

しかも良質かつ亀裂が生じていない純粋な一枚岩の珪藻土岩を必要とします。

珪藻土の粉末を練り固めて機械でプレス加工した七輪と比べると、切り出した七輪は水に強いです。

しかし基本的に七輪は水に弱い道具。汚れがひどい場合は、濡れた雑巾で油汚れをふき取ります。

珪藻土製の七輪が爆発的に普及したのは明治時代で、全国の主流になったのは実は昭和に入ってからだと言われています。それ以前は陶器製のものが多かったそうです。

七輪は、『和漢三才図会』では、風口があるため火が自然に盛んになり、炭の量がわずかで済んで一分にもならないので、「七厘」という名前になったと紹介されています。

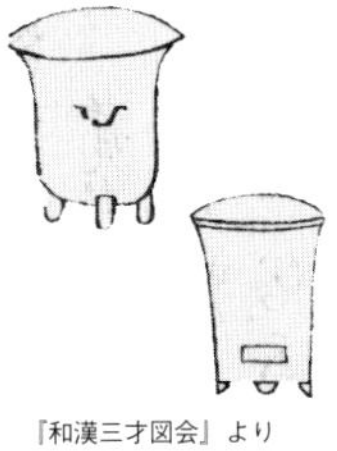

『和漢三才図会』より

米櫃

九月は新米の季節。米を美味しく保存するには冷蔵庫がいいと言いますが、全部は入りきりません。米櫃《こめびつ》にもこだわってみましょう。

茶焙じ

茶焙《ほう》じは、胡麻、糠《ぬか》、豆、銀杏を焙じることもできます。茶焙じがない場合は、フライパンを使って焙じることもできます。

米櫃は大事な道具。正月には餅や粥をお供えしました。

木屋の米櫃《こめびつ》は桐でできています。

桐は調湿性に優れ、防菌・防虫作用もある木材です。

作られたのは埼玉県春日部市。春日部市は日光東照宮を作るために集まった、腕のいい桐細工の職人がたくさんいました。そのため、優れた桐の道具を作る技術が受け継がれています。

米を美味しく保存するには、温度は二〇℃以下、できれば一三℃以下が理想的です。また、シンク下などの湿度が高くなりがちなところに米櫃を置くのは避けましょう。

米櫃は米の貯蔵庫として昔から大事にされてきた道具です。正月に餅を供えたり、左義長の火で炊いた小豆の粥を枇杷の葉に載せて供えたりするならわしもありました。かつて米櫃が置かれていた納戸や土蔵は、台所と食べ物の神様である大黒様が祀られる場所です。

桐はやわらかく傷がつきやすいため注意が必要です。濡れるとシミや変色のもとになるので、すぐにふき取ってください。年に二〜三回、蓋《ふた》を外して陰干しし、湿気を逃がしましょう。天日干しすると桐材が割れたり反ったりすることがあるので要注意です。小さな当たり傷ならば、傷に水を染み込ませ、当て布をして、アイロンで温めれば復元します。多少のシミは、目の細かいサンドペーパーでこすってきれいにしましょう。

幸田文も宇野千代も自分で焙じたお茶が一番好きでした。

お茶を焙《ほう》じて飲んでみてください。

香ばしくてさっぱりして、ビックリするくらい劇的に美味しいです。

実際、お茶を焙じた香りには大変なリラックス効果があり、カフェイン成分が抑えられるので、夜、温かいものを飲みたいときにも美味しく飲めます。

料理上手な幸田文も宇野千代も、お茶は焙じてから飲むのが一番美味しいと書いていました。

幸田文の小説『台所のおと』の主人公は、いまでは見かけなくなった茶焙じをわざわざ注文して作らせた料理人でしたが、木屋では茶焙じを売っています。

茶焙じを充分に熱してから火を止め、茶葉を入れて茶焙じを振る方法と、最初から茶焙じに茶葉を入れて火にかけ、煙が立ったら火を止めて茶焙じを振る方法があるようです。焙じ終わったら、茶焙じを逆さまにして、取っ手から急須に茶葉を移しましょう。急須に湯を注ぐとジュッといい音が立ちます。

木屋の茶焙じは茨城県の笠間焼です。天目と言われる黒色の釉薬《ゆうやく》で作られています。天目とは、中国の天目山の寺院に修行に行っていた僧が持ち帰った黒い釉薬の茶碗から名付けられました。

幸田文『台所のおと』
講談社文庫

旬の食材

現在、たいていの食材は一年中、買うことができるようになり、旬がわかりにくくなっています。しかし栄養と美味しさを考えるなら、旬に食べるのが一番です。

　また、日本各地に旬の食材の収穫を祝う行事があり、それにまつわる言葉や歌が残されています。春告魚、夏茱萸、秋鮭、冬茄、寒鰤……。

　旬がわからなくなってしまうことで、収穫の喜びと共に生まれた文化が忘れられてしまうのはもったいないことです。

　ここではほんの一部ですが、意外と知らない食材の「旬」をご紹介してみましょう。

椎茸

キノコの旬は秋というイメージがありますが、生の椎茸の旬は四～五月。秋にも収穫できますが、味がいいのは春です。春に収穫する椎茸を「春子」と言います。

蓮根

お正月に欠かせない蓮根の旬は冬と思いがちですが、実は夏。蓮根の甘酢和えなど、生の蓮根を薄切りするときに、よく切れる庖丁を使うと、香りに差が出ます。

ほうれんそう

旬は十一月～三月。寒い季節に甘みが増し、ビタミンCなどの栄養価が高まります。冬の日の夜、ほうれんそうと豚肉で常《じょう》夜《や》鍋《なべ》を作って温まるのがおすすめです。

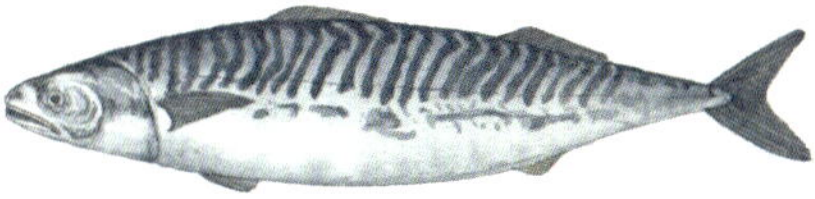

鰹

産卵のために川へ戻ってくる秋が旬です。昔から日本人は秋に収穫した鮭を塩漬けにして正月の新巻鮭にしていました。そして頭から尻尾まで、上手に鮭を料理して食べていたのです。

鱒

旬は四～五月、鱒は春を告げる魚です。バターソテー、塩焼き、煮付けでいただきましょう。また、富山の鱒寿司も有名です。昔ながらの国産の桜鱒で作っている店もまだあります。

ピーマン

ピーマンの旬は春、夏というイメージがありますが、実は秋。ビタミンCが豊富な上に、ピーマンの苦味の成分が血栓・脳梗塞・心筋梗塞予防に効くと言われています。

大根

旬は冬。緑黄色野菜の葉、ビタミンC豊富な皮、酵素たっぷりの根と、それぞれに栄養がある大根は万能野菜です。『古事記』では、娘の白い美しい腕を大根に例えています。

生姜

体を温める生姜《しょうが》ですが、旬は八～九月の夏です。旧暦の八月朔日《ついたち》（一日）は、生姜を持たせて嫁を里帰りさせる、「生姜節句」というならわしがありました。

十月

米、銀杏、栗、芋、鰹節……。
多くの食材が秋に旬を迎えます。

二十四節気では、
十月上旬が冷気が露を結ぶ「寒露」、
十月下旬が霜が降りはじめる「霜降」です。

呼吸器系が弱くなりやすい季節と
言われる秋。
旬の食材の栄養素が体調を整える
助けになります。

和せいろ

祭りで神と共に食べる団子と赤飯は、昔からせいろでふかしていました。せいろが登場するだけでウキウキした気分になる。そんな道具でした。

銀杏むき

銀杏の殻は、ペンチやキッチンばさみで割ることもできますが、たくさん割っていると手が痛くなります。銀杏むきを使うのがおすすめです。

冷たいご飯を一番美味しく温める道具

九月十月は新米が美味しい季節。でも毎日ご飯を炊く時間はなく、ご飯を冷凍して保存している人も多いのでは。

冷やご飯や冷凍ご飯を温める道具は電子レンジですか？

実は、ご飯を一番美味しく温める道具は、「和せいろ」なんです。

和せいろの特徴は、ずっしり重い羽釜用の蓋《ふた》と、深さのあるせいろです。

冷めたご飯を茶碗に盛ったまま、ふかすこともできます。

サランラップや密閉袋で包んだ冷凍ご飯を温める場合は、室温で少し解凍してラップや袋を外してからせいろに入れましょう。電子レンジよりちょっと時間がかかりますが、炊き立てのように美味しいです。

木屋のせいろの留め具に使われている桜の皮は、国内ではもう奈良県に一軒しか問屋がありませんとのこと。桜の皮は素人が剝《は》ぐと木が枯れます。小さな留め具にも大切な技が息づいていました。

木屋のせいろは、大相撲の力水に用いる相撲柄杓《ひしゃく》も納めている大川セイロの大川良夫さんが作っています。大川さんは成田山新勝寺の神前柄杓、NHK大河ドラマの桶やせいろも作っている日本最高峰の職人です。料理のプロが認める馬毛の漉し器を国内で手作りしているのも、現在では大川セイロ店のみ。織り方や材料について、大川さんと奥様が全国を廻って知識を受け継ぎ、その技術を途絶えさせなかったのでした。

金色に光り輝く銀杏

イチョウは長寿の木として尊ばれてきました。
また、燃えにくいので、火から神社仏閣を守るため、境内に植えられる神聖な木です。『和漢三才図会』には、イチョウの木は耐久性があり、木の肌理が白くて滑らかで、これに符印を刻んで用いると、鬼神を召し使うことができるとあります。神秘的な力を持つと信じられている木でもありました。

銀杏は十五世紀頃から薬として、頻尿を改善したり、痰を取り除いたり、体を温める効能が認められています。しかし「千個食べると死ぬ」「歳の数までしか食べてはいけない」という言い伝えがあるように、食べ過ぎると中毒症状を起こすので、子どもは特に注意してください。

金色に輝く美しい銀杏は、金銀財宝をイメージさせるめでたい食べ物。
松の葉に差した銀杏は、「松葉銀杏」という縁起のいい食べ物で、お節料理の一つです。

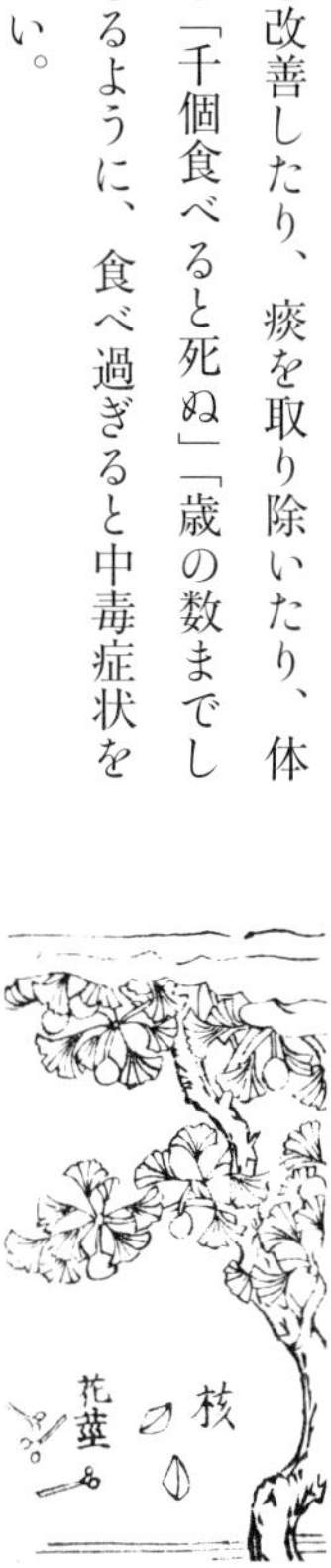

『和漢三才図会』より

縁起のいい扇の形をしているイチョウの葉は、本の間に挟んでおくと、紙魚《しみ》（紙を食べる虫）を防ぐ効果があります。

リッターのピーラー

世界一の定番ピーラーは、ドイツで一九〇五年に創業した老舗リッター社製品。刃物屋の木屋が認める道具として販売しています。

寄せ鍋

火鉢や十能、炭の発達により、江戸時代から「小鍋立」「小鍋焼」として、鍋料理がさかんに食べられるようになりました。

バウハウスの精神が息づく小さなピーラー

一九〇五年、ドイツのミュンヘンで創業したリッターは、ナイフの錆びを磨く機械から始まり、パン切り器のヒットでその基盤を築きました。

そして一九六七年から、バウハウスで学んだカール・ディタートが、リッター社のデザイナーになります。

バウハウスとはデザイン・美術・写真・建築の学校です。一九一九年に創立し、ナチスによって一九三三年に閉校させられるまで、開校期間は短いですが、現代の美術やデザインに大きな影響を与えました。カール・ディタートがデザインした電動スライサーや電動ケトルのみならず、リッター社の製品にはバウハウスの精神が受け継がれ、その品質と美しさが評価されています。

ピーラーは、約一〇〇年前からリッター社にある皮むき器に基づいて開発されました。アスパラガス、キュウリ、ジャガイモ、果物の皮をすばやく、かつ経済的にむくことができます。

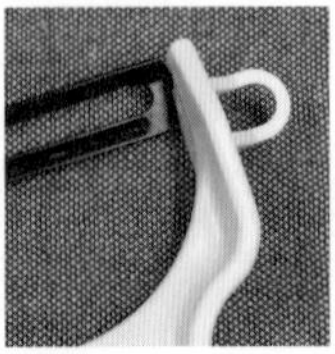

右横についている突起でジャガイモの芽やいたんだ箇所を取り除くことができて便利です。

木枯らしが吹きはじめる十月、鍋の季節の到来です。

十月下旬は、旧暦の二十四節気では「霜降」。露が寒さで霜になって降りはじめる季節とされています。

寒くなると食べたくなるのは鍋料理。東北の各地で芋煮会が行われるのも、里芋の収穫が始まる十月です。

鍋料理は、冷たい材料を次々と入れるので、汁の温度が下がらないよう、熱伝導率のよいアルミか銅の鍋がおすすめ。

京都の権太呂や博多の大福など、老舗の鍋は、金槌《かなづち》で打ち出した槌目《つちめ》がある銅やアルミの鍋を使っているところが多いです。

アルミや銅は熱伝導率が高く、すぐ温まり、熱が均等に伝わるという利点がありますが、やわらかくて傷みやすいという難点があります。

それを、槌目を付けることで補強し、表面積を増やすことでさらに熱伝導率を上げる工夫がなされているところが、打ち出し鍋のすごいところです。

「鍋でわかした湯を産湯に使うと丈夫に育つ」「子どもに鍋を被せると丈夫に育つ」というならわしがあるように、食の基本の道具である鍋には不思議な力が宿ると信じられていました。

骨抜き鰌鍋
『守貞漫稿』より

しゃもじ

姑が嫁に家を任せることを「杓子渡し」「へら渡し」と言います。しゃもじはまさに家を象徴する大事な道具です。

ゴマ炒り器

炒り器で豆、ゴマ、銀杏、コーヒー豆、パン、なんでも炒ることができます。中身が爆《は》ぜないのでとても便利です。

しゃもじは豊穣のしるし、家を象徴する道具です。

しゃもじとは杓子の女房言葉。

女房言葉とは宮中の女性が使った言葉で、遠まわしな言葉に言い換えたり、「お」や「もじ」を付けることで、ていねいに話す工夫がなされていました。杓子を「しゃもじ」と言うように、ゆもじ（浴衣）、ひもじい（ひだるい）、おめもじ（お目にかかる）という言葉があります。

杓子は飯や汁をよそう道具として『和漢三才図会』にも猿ノ手として掲載されていました。その絵は現在のしゃもじとまったく同じです。中国から伝わった道具が多い中、杓子は日本で生まれました。

鹿児島県や宮崎県には、豊穣をもたらす「田の神（タノカンサァ）」の石仏が江戸時代にたくさん作られ、現在でも春に祭りが行われています。田の神はしゃもじを持ち、せいろの底に敷く簾を頭に被るという姿をしています。しゃもじは収穫があってこそ使える道具、豊かさを象徴する縁起のいい道具です。

東京の日本橋では十月十九日、二十日にべったら市が開催されます。べったら市はそもそも恵比寿講（恵比寿様をまつる行事）で客にふるまうための食材を売る市場でした。べったら漬け（飴と麹で大根を漬けた）という名物も誕生しています。この恵比寿様は商売繁盛の神様ですが、実は、西日本では田の神様になるのです。

『和漢三才図会』より

ゴマの旬は秋。炒りたては栄養価も高く美味しい。

ゴマは洗いゴマという生のものが売られていますが、炒ったゴマの方が栄養価が高く、するとさらに栄養の消化吸収がよくなります。市販の炒りゴマも、食べる前に再度炒ると、香りが立って美味しいです。

ゴマは脳梗塞予防、抗酸化作用、女性ホルモン活性化、食物繊維による整腸作用など、栄養価が高いので、毎日ひとさじ食べるといいとされています。

ゴマはフライパンで炒ると爆《は》ぜて、台所に飛び散ります。炒り器は金網の箱のような形状になっており、中身が外に飛び散りません。焼き網と同じように直火にかざして使うので、ていねいに手作りされたものを使わないと、すぐに壊れてしまいます。木屋の炒り器は新潟で作られました。新潟は江戸時代から金属加工業が盛んで、スティーブ・ジョブズがこだわったiPodの背面の研磨を請け負い、日本の洋食器の生産量第一位で、アウトドアグッズメーカーの聖地と言われる土地です。

ゴマはすったり切ったりした方が栄養価は高いですが、お祝いごとに「する」「切る」は縁起が悪いので、赤飯のゴマは丸のままとうならわしがあります。

日本橋のお菓子

日本橋は木屋だけでなく、老舗がいっぱいです。特にお菓子は、和風から洋風まで、歴史のある美味しい店があちこちにあります。谷崎潤一郎が生まれ、向田邦子が散策した日本橋。お菓子を食べながら、町の歴史に触れてください。

モカソフト

ミカドコーヒー日本橋店
東京都中央区日本橋室町 1-6-7

昭和二三年（一九四八年）創業。コーヒー風味のソフトクリームに、ドライプルーンが添えられています。軽井沢店にはジョン・レノンとオノヨーコ夫妻もしばしば訪れました。

富貴豆

ハマヤ商店
東京都中央区日本橋人形町 2-15-13

創業一〇〇年以上。映画監督の小津安二郎も手帖に記し、『須崎パラダイス』などの作品で知られる芥川賞作家の芝木好子もエッセイに書いた店。昔ながらの楢薪と炭で炊いているところが美味しさの秘密です。

ワッフル

東海
東京都中央区日本橋人形町 1-16-12

大正元年（一九一二年）創業。ワッフルの皮は「滋養（JIYO）と刻まれた金型で焼かれています。西洋料理店が日本で次々と開店した頃、「滋養」は一番の売り文句でした。ワッフルの中は杏ジャムです。

フルーツ
サンドイッチ

千疋屋総本店
東京都中央区日本橋室町 2-1-2
日本橋三井タワー 2F

天保五年（一八三四年）創業。日本初の果物専門店として創立します。明治時代にはフルーツパーラーの前身となる果物食堂を創業。フルーツサンドイッチの他、フルーツパフェ、マスクメロンが定番です。

杏みつまめ

初音
東京都中央区日本橋人形町 1-15-6
五番街ビル 1F

天保八年（一八三七年）創業。二階ではお好み焼きが食べられます。現在の店舗は昭和三八年（一九六三年）地下鉄日比谷線が開通した年に建てられました。

甘名納糖

榮太樓總本鋪
東京都中央区日本橋 1-2-5
榮太楼ビル 1階

安政四年（一八五七年）創業。梅ぼ志飴や金鍔など、創業時からの名菓がいまも看板商品となっています。甘名納糖は、甘納豆の元祖でこちらも初代が考えました。箱入りの甘名納糖を買うには予約が必要です。

半生菓子

長門
東京都中央区日本橋 3-1-3
日本橋長門ビル 1F

享保年間（一七一六〜一七三五年）創業。小津安二郎も愛した店。作家の三宅艶子（「anan」などで活躍した文筆家・編集者の三宅菊子の母）は、「いい贈り物の時には長門の半生を買う」と書いています。

かすてら焼き

人形焼本舗　板倉屋
中央区日本橋人形町 2-4-2

明治四十年（一九〇七年）創業。日露戦争後、餡が入手しづらい時期に作られたのが、このカステラだけの人形焼。鉄兜、戦車、ラッパ、銃、装甲車、軍旗、飛行機などがモチーフになっています。

十一月

冬の始まりです。

二十四節気では、
前半が「立冬」、後半が「小雪」と
されています。

昔の建築や衣類や暖房器具を考えると、いまよりももっと寒かったはず。
食事からも暖を取るために工夫された道具を活用したいですね。

お玉杓子

十一月七日は鍋の日。旧暦ではこの頃に立冬を迎え、空気がいっきに冬らしくなります。鍋に欠かせないのがお玉杓子《たまじゃくし》。木屋は形、材質にこだわって作りました。

敷き笊

十一月は鰯《いわし》、イボダイ、魳《かます》が旬を迎えます。敷き笊《ざる》を使って煮付けにしてはいかがでしょう。体も温まります。

その窪みに神様が宿る！
温かいスープや鍋をすくう道具

木屋のお玉杓子《たまじゃくし》は朴《ほお》の木でできています。

朴はアテ（高繊維密度の異常組織）がないため、切削しやすく、反りや割れ、狂いが発生しにくいのが特徴です。日本刀の鞘も朴の木で作られていました。

軽くて丈夫、鍋に入れておいても焦げにくい朴はお玉杓子にも向いています。

杓子は古くからある道具で、『和漢三才図会』に掲載されている「大杓子」の絵も木屋のお玉杓子にそっくり。また、奈良時代、病気になった元正天皇に、滋賀県の多賀大社の神主がおこわと杓子を献上したところ、天皇の病気がすっかり治ったので、お多賀杓子が縁起のいいものとして祀られるようになり、それがお玉杓子の元祖となったという言い伝えがあります。

そもそも杓子は、「杓子じめ」という注連飾りのモチーフにもされている縁起のいい道具で、その窪みに神様が宿るとされています。杓子締めは正月に、台所（荒神様）、井戸（水神様）、お手洗い、仕事場などに飾ってください。

お玉杓子は、木を刳《く》り抜いてお玉の部分を作ります。日本の木工芸の歴史は、刳物から始まりました。

『和漢三才図絵』より

日本のポワソニエール！
鍋から煮魚を取り出しやすい敷き笊

フランスにはポワソニエールという鍋があります。魚が一尾入るような細長い形で、中に引き上げ網が付いており、形を崩すことなく魚を取り出すことができて便利です。

シャンソン歌手の石井好子は、フランスで出会ったポワソニエールを日本で探したエピソードをエッセイに書いています（『私の小さなたからもの』河出文庫）。

現在、日本でもポワソニエールを買うことはできますが、日本一の調理道具街・東京都台東区の合羽橋でさえ常備している店はなかなかなく、取り寄せるととても高価です。

しかし、ポワソニエールを買わずとも、日本には敷き笊《ざる》という便利な道具があります。懐石料理の老舗「辻留」の辻嘉一氏も『料理のお手本』（中公文庫）で紹介しているように、煮物に竹の皮やザルを敷くのは、昔からのやり方。食材と一緒に煮ても、国産の竹ならば安心（木屋は佐渡の真竹）です。

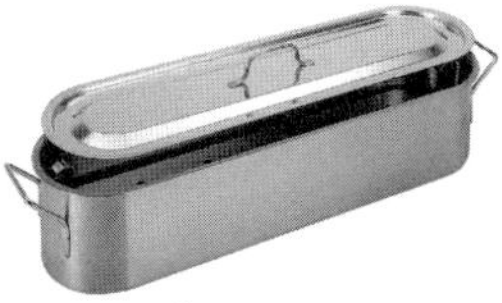
ポワソニエール

フランスのポワソニエールは、大きいものでは長さ六〇センチのものもあります。

ちろり

十一月二三日は収穫を祝う新嘗祭です。新米で作った黒酒白酒を捧げて神に感謝します。

すり鉢

粒味噌が主流だった昔は、すり鉢とすり粉木は必需品。歌舞伎の「菅原伝授手習鑑」や「夏祭浪速鑑」にもすり鉢で味噌をすり、味噌汁を作る場面があります。

十一月はひやおろしを、ぬる燗で楽しみましょう。

燗酒は、平安時代の朝廷のしきたりとして、九月九日から三月三日まで楽しむものというならわしがありました。

十一月には、蔵出し前の二度目の低温加熱殺菌を行わない日本酒「ひやおろし」が店頭に並びます。「ひやおろし」と聞くと「冷やで飲む酒」と誤解する人が多いようですが、ぬる燗（四〇℃〜四五℃）で飲むとより美味しいです。

ちろりとはお燗する道具で、古くは囲炉裏の温かい灰に差して使われていました。風味が飛ばないよう湯煎《ゆせん》でさっと温めるのが日本酒の一番美味しい飲み方です。木屋のちろりは、熱がすばやく、均等に伝わる銅で作られています。

錫《すず》のちろりは高価で、一般家庭ではなかなか手が出ない品です。

カウンターの酒燗器に錫のちろりがずらりと並ぶ光景で有名なのが、大阪・法善寺横町の老舗料亭の正弁丹吾亭《しょうべんたんごてい》です。正弁丹吾亭は織田作之助の『夫婦善哉《めおとぜんざい》』にも登場します。

『守貞漫稿』（一八三七年）では、江戸では銅製のちろりで酒を温め、京都・大阪では「たんぽ」と言うと紹介しています。現在のちろりとは形が違っていました。

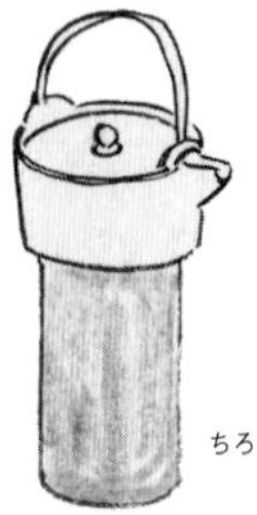

ちろり『守貞漫稿』より

十一月は山芋の旬の始まり。とろろは長寿の食べ物です。

すり鉢は強い力ですっても櫛目が割れない硬さ、耐水性が重要。木屋のすり鉢も硬さと耐水性に特長がある岐阜県の高田焼（美濃焼の一種）で、徳利や甕《かめ》で有名です。そしてすり鉢の定番と言えば、来待釉《きまちゆう》の赤茶色。来待石だけで作られた色なので有害物質が混入する心配がなく、安心して料理に使えます。

十一月は長芋や大和芋の旬の始まりです。酵素と食物繊維たっぷりのとろろは昔から長寿の食べ物、縁起のいい食べ物とされてきました。

佐賀県の十一月の祭り、唐津くんちでは長寿を願って祭りの三日目にとろろを食べる「三日とろろ」のならわしがあります。

囲炉裏があった時代には、災難除けとして一月二日に自在鉤と玄関にとろろを塗るならわしがあったそうです。現在でも、書き初めの「硯《すずり》で墨をする」にかけた、一月二日にとろろを食べるならわし、一月三日に長寿を願ってとろろ汁を食べるならわしが東北や北関東、信州に伝えられています。

すり粉木は山椒の木がいいとされています。食材と一緒に削れるほどやわらかくなく、櫛目を壊すほど硬くない、かつ、葉が食べられて、いい香りであるところが適しているとされています。

『北斎漫画』より

フライパン

寒くて乾燥する十一月は風邪をひきやすい季節です。卵の白身に含まれるリゾチームは、殺菌効果や免疫力を高める効果があり、風邪の予防に効きます。

水鉢コンロ

竈《かまど》に荒神様を祀った時代に比べれば、現在の火のあり方は多様ですが、同じ火で作ったものを分かち合うことが最高のもてなしであることは変わりません。

フライパンが身近な道具になったのはつい最近のことです。

随筆家の森田たまは、明治四十二年（一九〇九年）の日本は、一般家庭にフライパンはゆきわたっていなかったと書いています。

明治の人気新聞小説『食道楽』には、フライパンを使ったコロッケのレシピが掲載されていますが、当時は、上流の人間にしか手の届かない道具でした。

熱が伝わりやすく蓄熱性があり、火がムラなく通って美味しく仕上がる鋳物製のフライパンは、重いという難点がありました。木屋のフライパンは鋳物でありながら軽い、新技術のダグタイル鋳鉄が使われています。

ちなみにデュ・ビュイエ、ターク、マトファーなどヨーロッパの老舗フライパン会社の創業は十九世紀頃ですが、目玉焼きはその前から様々な方法で焼かれてきました。ベラスケスの絵「卵を料理する老婆と少年」（一六一八年）では土器、ジャン・コクトーが愛した目玉焼きはバターを焦がした磁器の皿が使われています。

昭和三十六年（一九五一年）には厚生省の指導の下「一日一回フライパン運動」が実施されています。戦後の食料不足の時代、カロリーの高い油を使った料理を一日一回作って体を強くしましょうという内容でした。当時はまだフライパンは毎日使う道具ではなかったことがよくわかります。

『コクトーの食卓』講談社
（レイモン・オリヴィエ著　ジャン・コクトー画）

白洲正子は水コンロに土鍋を乗せて松茸を蒸して食べるのが好きでした。

昔から温かいものは最高のごちそうでした。炊き立てのご飯を神仏にお供えするのもそのためです。現在はカセットコンロやホットプレートなど便利な道具がたくさんありますが、炭火を使った「水鉢コンロ」「水コンロ」はかつて、食卓で全員揃って温かいものを食べるための画期的な道具でした。

水鉢コンロは、火のついた炭を入れた陶器の下に、水を入れた皿を敷いて使います。陶器は七輪ほど耐熱性はないですが、水洗いができ、火力が強すぎず、器の色や柄が楽しめる点が好まれました。

随筆家の白洲正子は、伊賀の土楽窯の福森雅武が作った水コンロを愛用していました。長女の牧山桂子の著書『白洲次郎・正子の食卓』（新潮社）では、愛用の水コンロに土鍋を乗せ、中に松茸と松葉を入れて蒸す、お気に入りのレシピが紹介されています。

火と水の神様、台所の神様である荒神様が祀られている、海雲寺（東京都品川区）では、十一月と三月に千躰荒神祭りが行われます。祭りの名物はお釜の形のおこし。荒神祭りのにぎわいは川島雄三監督『幕末太陽傳』（一九五七年）でも再現されました。

釜おこし

庖丁のエッセイ

他人がどんな庖丁を使っているか、聞く機会はあまりないと思いませんか？

でも、料理上手な人がどんな庖丁を使っているか、ちょっと気になります。

何本持っているのか。洋庖丁なのか、和庖丁なのか。

料理上手な有名人のエッセイを読んでいても、自分の庖丁のラインナップを披露している人は、あまりいません。書いているのは、かなり庖丁にこだわりのある人のようです。

以下に、六人の庖丁エッセイ本を、その本の中に登場する印象的な料理とともに紹介しました。どの本も、自分の庖丁を選ぶときの参考になります。

中江百合
『季節を料理する』

（グラフ社）※現在絶版

著者は料理研究家で、女優・東山千栄子の妹。おすすめの庖丁は最低限でも肉切（牛刀）と菜切と出刃。きゅうりもみを「これほどむずかしい料理もちょっとない」と書いています。

幸田文
『増補　幸田文 対話』

（岩波現代文庫）

小説家、幸田文の対談集。料理人の田村魚菜、辻嘉一との庖丁についての話は必読。ほうれん草のおひたしの切り方で、筋が立っている人かどうかわかるのだそうです。

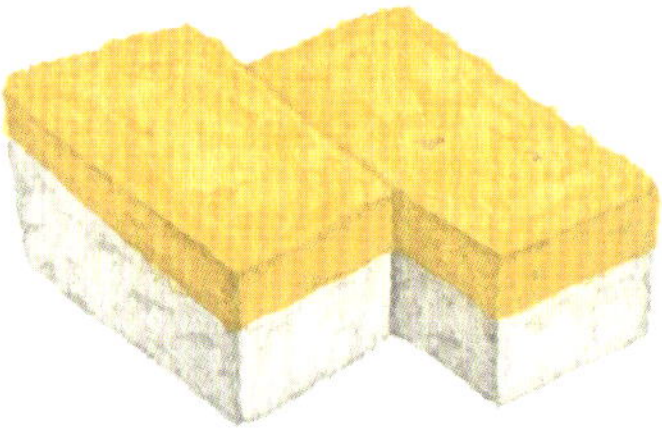

寛仁親王妃信子『四季の家庭料理 お惣菜80種』

（知恵の森文庫）※現在絶版

著者は彬子女王、瑶子女王の母で、麻生太郎元首相の妹。出刃と小出刃、菜切、刺身、薄刃、牛刀を揃える本格派です。そんな著者が料理上手の祖母に習ったお節料理が二色卵でした。

向田邦子『女の人差し指』

（文春文庫）

小説家、エッセイストの向田邦子が人形町で和庖丁を買ったときのエッセイを掲載。「さつまいものレモン煮」などのメニューが有名な小料理屋「ままや」開店話も読めます。

沢村貞子『私の台所』

（光文社文庫）

女優の沢村貞子にとって庖丁を握るのは気晴らしの一つでした。菜切、刺身、柳刃、出刃、小出刃、牛刀、薄刃を揃えた彼女が作る「三段重の手作り弁当」は本当に美味しそうです。

立原正秋『立原正秋全集』

二四巻（角川書店）※絶版

料理エッセイ「わたしの庖丁書」を収録。著者のおすすめの庖丁は菜切、出刃、刺身。まな板は硬い木と、ヒノキの二種類。大根の千六本刻み煮つけなど、レシピも紹介しています。

十二月

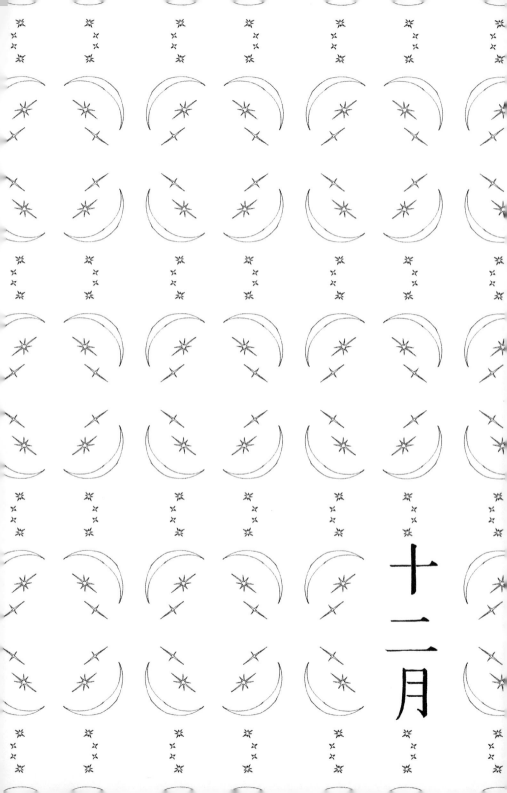

十二月二二日は冬至。

一年で最も夜が長い日だからか、世界中で「死に一番近い日」「疫病を撒き散らす鬼がやってくる」「死者の霊・魔女・悪魔が現れる」と言われています。

そのため無病息災、長生きを願うならわしが多く伝えられています。

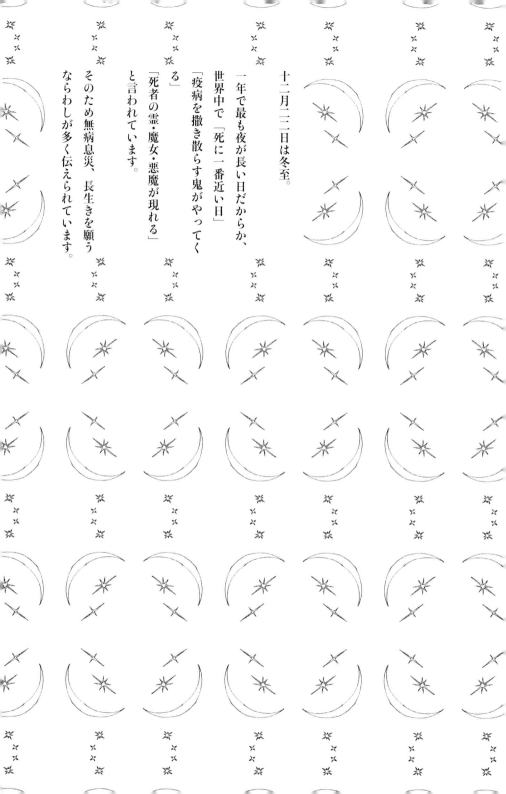

蕎麦盛り

蕎麦の旬は十二月。木屋の蕎麦盛りに敷かれている簾は竹工芸産で有名な大分で作られています。

外輪鍋

外《そと》輪《わ》鍋は浅いので炒めやすく、食材を少ない汁で均等に煮たり、煮汁を飛ばしたりするにも便利。火の上で鍋ごと揺すってもこぼれません。

厄を断ち切る、お金が集まる、縁起のいい蕎麦を食べて年を越します。

十二月は蕎麦の旬です。しかし大晦日になぜ蕎麦を食べるのか、いつからのならわしなのか、実ははっきりわかりません。

しかし蕎麦は縁起のいい食べ物。「切れやすい蕎麦のように一年の労苦や厄を断ち切る」「蕎麦のように寿命が長くなるように」「金箔をのばすときに打ち粉として蕎麦粉を使うとよくのびるように、金が切れない」「金箔を刻むときに散らかった金粉を蕎麦粉の団子で集めるように、金が集まる」などの意味が込められ、一年の最後を締めくくる食べ物となりました。

現在のように細く長く切られた「蕎麦切り」を食べるようになったのは江戸時代。ゆでた後にせいろで蒸した当時の調理法の名残りで、現在も蕎麦はせいろに盛って食べます。

蕎麦よりももっと古い歴史を持つ年越しのご馳走は、鰤《ぶり》や鮭など、「年取り魚」と言われる魚でした。

江戸時代は十二月十三日が「煤払いの日＝大掃除の日」とされ、その日から正月の準備が始まります。掃除の後には胴上げをしたり、ごちそうをふるまいました。煤払いのごちそうに欠かせないのが鯨汁です。塩漬けした鯨を味噌汁かすまし汁にしました。

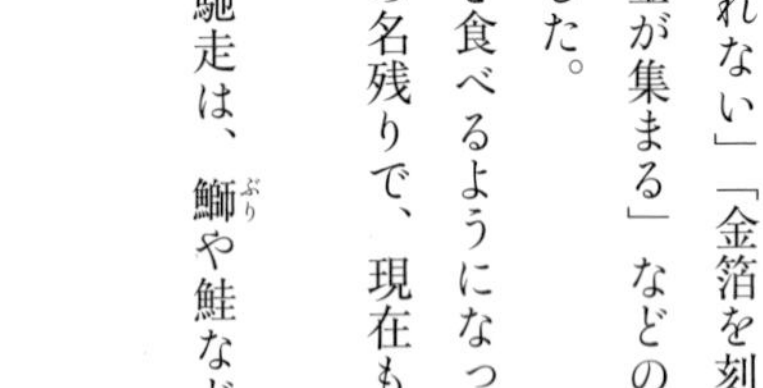

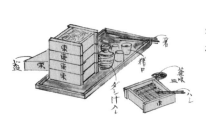

『守貞漫稿』より

フランスの鍋、ソトワールを板前が外輪鍋と呼びました。

食材をソテーする（炒める）フランスの片手鍋を「ソトワール」と言います。それを使いはじめた日本の板前が、和食にソトワールは変だろうということで、「外輪鍋」と呼ぶようになりました。

ちなみに大正から昭和にかけて、天皇の料理番を務めた秋山徳蔵は、エッセイにソトワールのことを「ソートア鍋」と書いています。

キャセロール（フタ付き両手鍋）、ブレジエール（ブレゼ専用鍋）のように、それぞれの料理に合った鍋を使うべきという考え方は、十八世紀のフランス料理界で生まれたものです。ソトワール（ソテー鍋）もその中で誕生しました。

十二月二二日は冬至。夜が一番長い日です。

なんきん（かぼちゃ）、蒟蒻《こんにゃく》、銀杏など「ん」がつくものや、小豆粥を食べると病気にならない、福を呼ぶというならわしがあります。外輪鍋を使って美味しい煮物を作ってみましょう。

「大隅伯爵邸　台所の画」
『食道楽・春の巻』より

『食道楽』にも、台所の奥にソテーパン、ソースパンなど西洋鍋がかけてあります。当時は鹿鳴館、帝国ホテル、精養軒で既に本格的フランス料理が作られていた時代でした。

わさびおろし

江戸時代後期の浮世絵師である山東京伝が『近世奇跡考』で紹介しているわさびおろしは、鎌倉時代の武士が使用したもので、現在とは全然違う四角い箱のような形でした。

すき焼き鍋

木屋のすき焼き鍋の持ち手は、茶釜にも用いられる鐶《かん》です。使い続けていくと、鍋肌は黒光りし、錆びにくい鉄に成長していきます。

唯一の日本原産の薬味、わさびおろしがさらに辛味を引き出します。

わさびは、銅のおろし金ではなく、わさびおろしでおろしましょう。

わさびおろしには鮫皮のものと、陶器のものがあります。現在、木屋では陶器のものを販売しています。

銅のおろし金では目が鋭すぎて、わさびの辛味と香りが立ちません。鉛筆を削るように葉を削ぎ、葉がついていたほうから、円を描くように、ゆっくりおろしてください。

わさびは一年中収穫できますが、辛味が増すのは寒い季節です。十二月に旬を迎える蕎麦にもわさびは欠かせません。『和漢三才図会』にも「蕎麦の薬味に山葵は欠くべからず」とあります。

京都府南丹市美山町では、熊狩りの安全を願って、正月から四月まではわさびを採らない・食べないというならわしがありました。危険な熊狩りの願掛けに使うほど、寒い季節のわさびは美味しかったのでしょう。

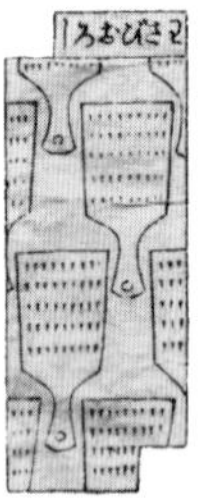
わさびおろし小紋
山東京伝画『京伝工夫小紋形』より

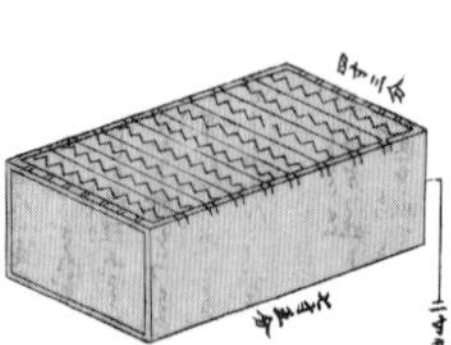
古代山葵擦
『近世奇跡考』より

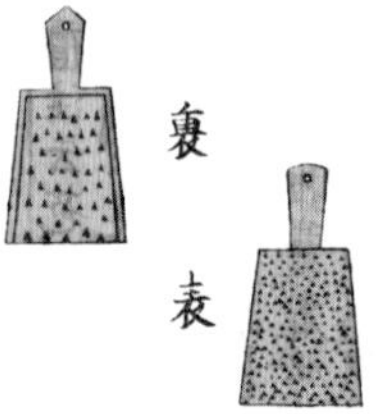

わさびおろし
『和漢三才図会』より

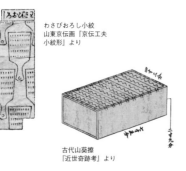

昔ながらの鋳物の鉄鍋が、すき焼きの美味しさを引き出します。

十二月はネギ、牛肉が旬を迎えます。すき焼きが美味しい季節です。

映画監督の小津安二郎は松阪牛で有名な松阪で育ったので「本場仕込み」と称し、すき焼きが得意料理でした。小津監督は、ネギ、糸こんにゃく、豆腐、牛肉を順に入れ、鉄鍋に整然と並べたそうです。味付けは東京下町風の醤油と砂糖。すき焼きを肴に酒を飲み、最後にカレー粉を入れてご飯を食べました。

分厚い鉄鍋はゆっくり熱が伝わるので、食材の旨味成分をより多く引き出します。すき焼きのみならず、パンケーキや餃子を焼いても美味しさが違います。

鋳鉄《いてつ》の鍋は洗剤を使わず束子《たわし》で洗いましょう。鍋に洗剤が浸み込むので、洗剤を使う場合は自然素材のものを選び、充分にすすいでください。こびりついて取れない汚れは割り箸でこそげ落とします。

江戸時代はほとんどの家で鋳物の鉄鍋が使われていました。木屋のすき焼き鍋が作られた岩手県奥州市水沢も約九〇〇年の歴史がある鋳物の産地です。

小津作品では『麦秋』『東京物語』『早春』にすき焼きが登場します。他にも日本映画の名作には、『めし』『浪華悲歌』『放浪記』『夫婦善哉』などすき焼きが多く登場します。加山雄三演じる若大将シリーズの実家もすき焼き屋（田能久）という設定で、撮影は東京のすき焼き屋の老舗、今半や日山、米久で行われました。

庖丁の年越し

煤払《すすはら》いでは、鍋を火にかけるために使う自在鉤《じざいかぎ》を念入りに掃除するというならわしがありました。十二月は感謝を込めて台所道具のお手入れをしましょう。

布巾

木屋の布巾は未晒《みさら》しの伊勢木綿です。化学薬品などを使って晒していないので、食べ物を漉すときも、食べ物を直接覆うときも、安心して使えます。

一年間お世話になった道具に感謝して、新しい気持ちで新年を迎えます。

昭和の時代、庖丁の買い変えどきは年末年始でした。デパートの台所用品売り場に山のように積まれた庖丁。それを求めるたくさんの女性たち。それが、年末年始ならではの光景でした。

ある家では、年内に菜切庖丁を新調し、よく切れる庖丁でのし餅を切り、お節料理を作る。ある家では、正月三箇日が明けた後、新しい庖丁を新しい気持ちで使う。昔は庖丁にも年越しがあったのです。

年末は、一年間お世話になった道具に感謝するならわしもあります。十二月八日の針供養も、針仕事を休み、折れた針を豆腐や蒟蒻《こんにゃく》に差して供養し、さらなる技術の上達を願う行事です。また昔は、新年とともに道具も年を取ると考えられていました。大晦日に畑仕事・山仕事の道具一式を並べて榊《さかき》の葉でお神酒を振り掛けたり、庖丁や鍋、釜などにお供えをしたり注連縄を飾る、「道具の年取り」という儀式が各地に伝えられています。

年末が舞台となっている落語「芝浜」の主人公は魚屋。魚屋の大事な道具は飯台と包丁です。亭主は酒好きの酔っ払いですが、おかみさんはしっかり者。借金取りがやってくる歳末に向けて、飯台に水を張り、研がれた包丁を蕎麦殻に入れて仕事をしろと亭主の尻を叩きます。当時、包丁は錆びないよう、吸水性の高い蕎麦殻に差して収納していました。

白い布巾は気持ちがいい！
布巾をきれいに保つコツ

十二月は大掃除のために、普段より布巾の出番が多い月です。

木屋の布巾は未晒《みさら》しの伊勢木綿でできています。一本の糸をあまく撚って作った糸を、明治時代から使われている織機で織りました。裁ちっ放しの布巾の端から試しに糸を一本抜いて、ほぐしてみてください。簡単にホワッとした綿になるはずです。このような糸でできているので、乾きやすく吸水性、通気性に優れています。

布巾は汚れて当然の道具なのですが、なるべく白く清潔に、気持ちよく使いたいものです。清潔に保つには、重曹を入れたお湯で煮たり、石鹸水で煮たり、まめに洗濯しましょう。台所の達人にならうなら、とにかく布巾をたくさん常備して、まめに洗う、まめに取り替えるのが清潔に保つコツです。

女優の沢村貞子は、一日に四〇枚の布巾を使うとエッセイに書いています（『私の台所』光文社文庫）。

ものがない時代は、布巾に刺繍をして補強し、長持ちさせることも重要でした。刺繍の模様は、萬字形、亀甲形、四ツ鱗、麻形、三段菱、七宝など、縁起のいいものが刺されていました。

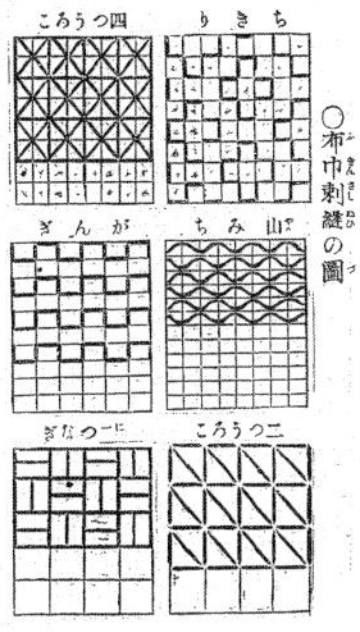

布巾刺繍の図
『裁縫の栞』より

いい庖丁

普通のご家庭でちょっといい庖丁を揃えてみたいと思うなら、「菜切庖丁」「薄刃庖丁」「中出刃庖丁」「牛刀」で事足ります。刺身が好きな方はさらに「刺身庖丁」があるとよいでしょうし、鯵《あじ》などの小さい魚を気軽におろしたい方は「鯵切《あじきり》庖丁」を持っていると役立つでしょう。

菜切庖丁《なっきりぼうちょう》

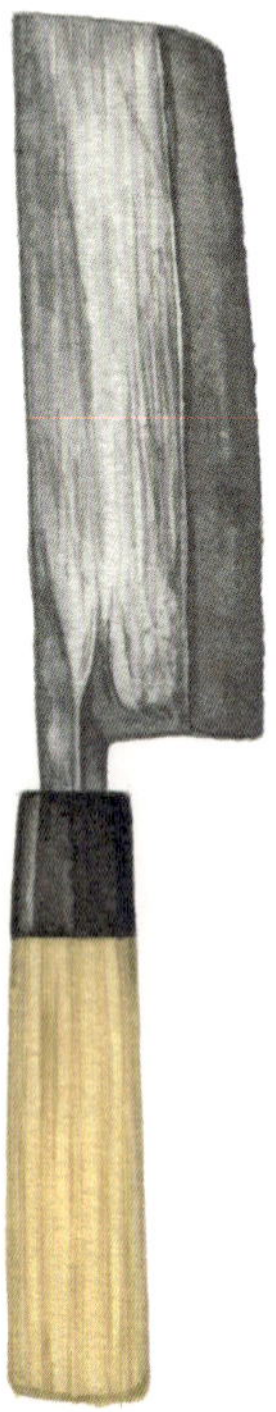

野菜を切るのに便利。刃が真っ直ぐで、諸刃かつ刃の厚みもあるので、力を入れて大根や蕪、にんじんを押し切るのに向いています。

薄刃庖丁《うすばぼうちょう》

片刃で、菜切庖丁より薄いので、繊細な作業に向いています。皮をむいたり、細かく刻んだりが驚くほど気持ちよくできる道具です。

牛刀《ぎゅうとう》

肉を切るのに便利なだけでなく、野菜などを切るのにも使える万能な洋庖丁。和庖丁だけでなく、これを一本持っておくと便利です。

さらにもう一本持つならば…

中出刃包丁《ちゅうでばぼうちょう》

魚を美味しく食べたいなら、まずは一本持っておきましょう。小さな鯵から大きな鰹《かつお》までおろすことができ、刺身も引けます。

刺身包丁《さしみぼうちょう》

家庭で「角が立つ」刺身が楽しめる一本。柵を買ってきて、刺身包丁で自分で引くだけでも、驚くほど美味しさが異なります。

鯵切包丁《あじきりぼうちょう》

黒打ちなので中出刃包丁より錆びにくく、値段が安い。鯵や秋刀魚《さんま》などの小さめの魚を、気軽におろしたい人におすすめです。

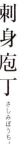

一月

「まな板始め」「庖丁始め」は、新年の季語。

使い古した台所道具も、新年とともに改まった気持ちで使う……そんな言葉には、道具を長く大切に使う気持ちがにじみ出ています。

また、昔は庖丁やまな板の買い替え時は年末年始でした。年末に買っておいた新しい庖丁やまな板を、新年に使いはじめる。いつもの台所をリセットできそうな、清々しい習慣です。

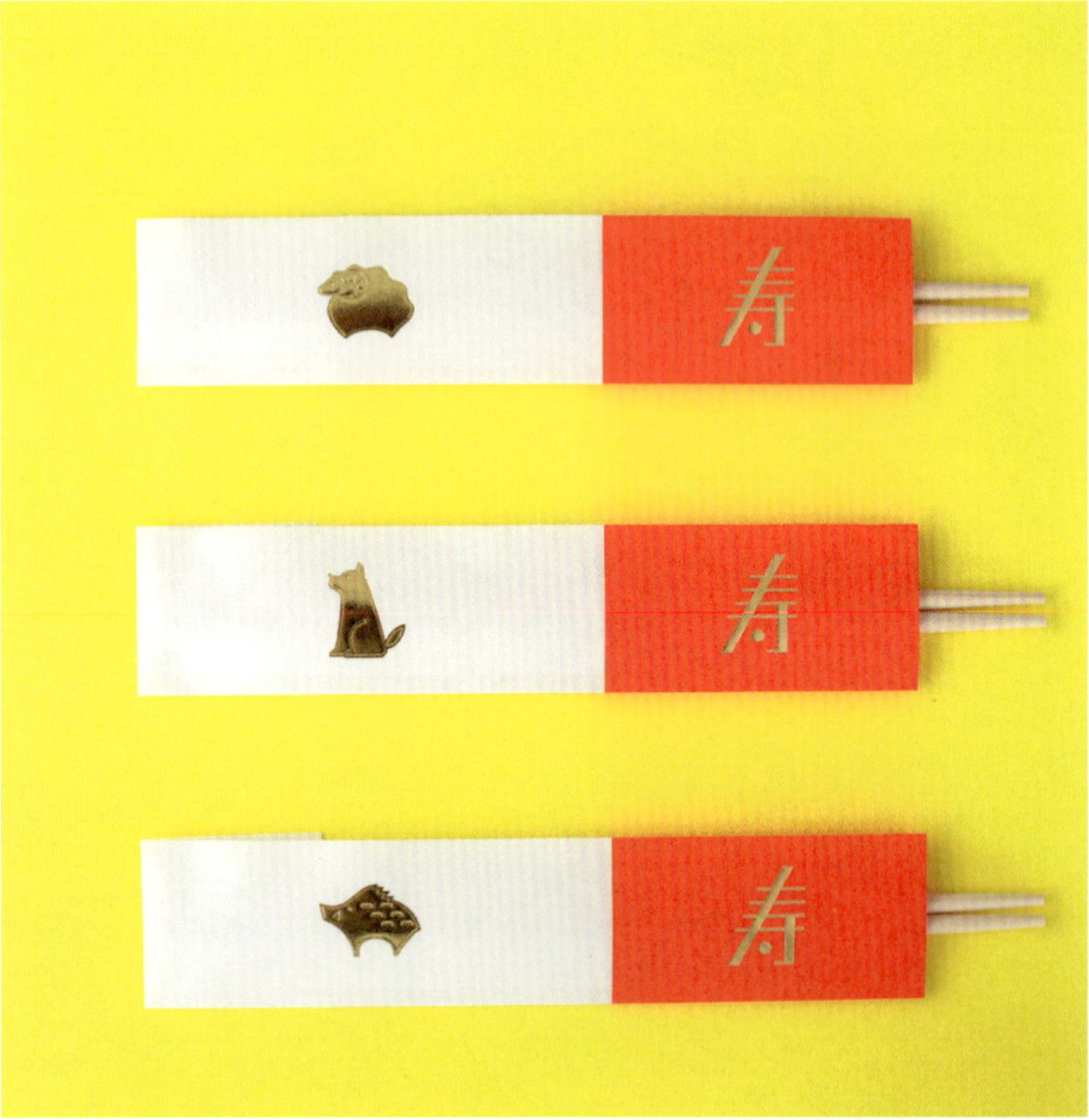

祝箸

お正月はハレの日の箸、祝箸を使いましょう。祝箸は柳で作るとされています。木屋の祝箸は白くて美しい国産の本柳（みずき）です。

鏡開き

お正月の三箇日は庖丁を使わないならわしがあります。江戸時代の公家では一月十五日の庖丁板始という儀式で、年が明けて初めて庖丁やまな板を使います。

松の内は特別な箸を使います。小さな道具で気持ちも改まります。

お正月は、自分の名前や干支が描かれた箸袋に入れた祝箸を使うならわしがあります。

祝箸とは、お正月だけでなく、慶事や節句に使われる正式な箸で、祝いごとに欠かせません。

長さは八寸。末広がりの縁起がいい数字で、約二四センチです。

祝箸には折れにくく木肌が白い柳の木を使います。柳は春一番に芽吹くめでたい木。清浄な白肌が邪気を払うと言われています。

お正月の祝箸は、昔は松の内の習慣とされていましたが（一月十五日まで）、最近は三箇日のみ、もしくは七草粥を食べる七日までという家が多いようです。

両端が細い「両口」には、片方を神様が使い、神様と一緒に祝いの膳を食べるという意味があります。角のない丸い箸で、中ほどが太くなっている形は俵のイメージで、すべてにめでたい意味が込められているのが祝箸です。


祝箸のしまい方はさまざまで、食後に洗って袋に戻す、洗わずに袋に入れる、食事が終わるごとに捨てて真新しい祝箸を使うなど、家庭や地域によって異なります。昔は各地に、一月十五日に祝箸で粥を食べるならわしがあり、食べた後は田に立てたり、焚いたりしました。また、雑煮を食べるとき、栗の枝の箸（両端の皮を削って白くしたもの）を使っていた地域も多いです。

武家のならわしである鏡開きに庖丁は使いません。

お正月に鏡餅を飾るならわしは古くからあり、平安時代には、健康を祝う「歯固め」として元日に鏡餅を食べていました。

江戸時代には、鏡餅は武士の家で定着し、具足餅《ぐそくもち》となります。

お正月、男性は鎧や具足に鏡餅を供え武運長久を祈り、女性は自分の姿を映す鏡台に鏡餅を供えました。

具足餅の鏡開きは刀柄《はつか》祝いに、女性の場合は初顔祝いにかけて、一月二十日に行われていましたが、徳川家光が四月二十日に亡くなって以降は二十日が避けられ、いまでは一月十一日に鏡開きが行われています。

武家と縁が深い鏡餅は切腹を連想させる刃物を使わず、木槌《きづち》や手で餅を割るならわしになりました。

具足開きに関連して、一月十一日は各地で道場開きが行われます。東京の中央警察署の道場開きでは毎年、木屋の庖丁が配られていた時代がありました。

大森貝塚を発見したモース博士の日本滞在記（一八七八年）にも、「モチは新年に好んで用いられる食品」と紹介され、アメリカの感謝祭やクリスマスにおけるミンスパイやかぼちゃパイにたとえられています。添えられたスケッチでは丸い鏡餅の上に四角い菱餅が重ねられていますが、宮中などの正式な鏡餅は、紅白の鏡餅の上にはなびら餅、紅の菱餅を重ねていました。

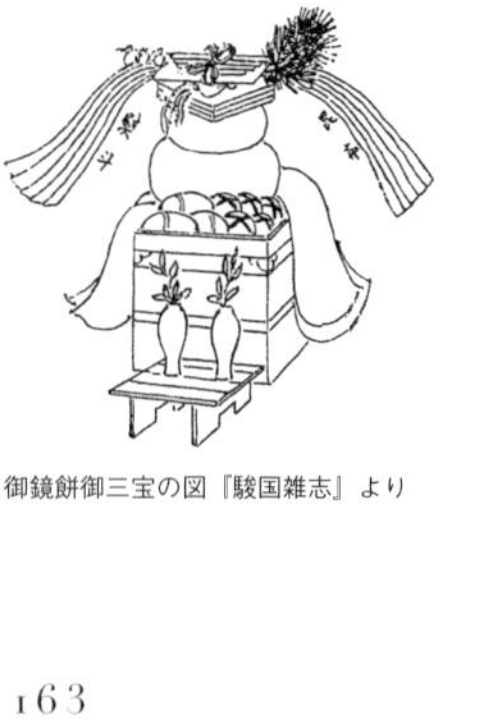

御鏡餅御三宝の図『駿国雑志』より

玉子焼き鍋

江戸前の玉子焼きは、魚のすり身をつなぎとして入れた材料を、カステラのように四角く焼いたものでした。

鬼おろし

しもつかれ、または酢むつかり、しみつかれ、つみつかりなどと呼ばれる、日本に古くからある縁起のいい食べ物に欠かせない道具です。

江戸前の玉子焼きは出汁も入れないし、くるくる巻きません。

お節料理には、華やかな伊達巻、「錦」と読める二色玉子、縁起のいい梅をかたどった梅花玉子など、玉子料理が欠かせません。

でも作るのは手間がかかるので、代わりに厚焼き玉子を入れることもしばしば。玉子そのものが黄金色でめでたく、鶏は卵をたくさん産むので、子孫繁栄の願いを込められてきた食べ物でした。

玉子焼きと言えば、東京には美味しい玉子焼き屋がいっぱいありますが、ほとんどは玉子液に出汁《だし》を混ぜて、くるくる巻いて焼いている出汁巻き玉子です。出汁巻き玉子は実は関西風で、長方形の関西型の玉子焼き鍋で焼きます。

江戸前の玉子焼きは出汁を入れません。海老や白身魚や山芋をすりおろしたものをつなぎとして入れるのが特徴です。そして正方形の玉子焼き鍋で、四角くカステラのように焼きます（172ページ参照）。

いま、江戸前の玉子焼きを食べるには、江戸前の寿司屋に行くのが一番です。

梅花玉子は、まず、ゆで卵を作り、白身と黄身に分けて裏漉しします。黄身を棒状にして、その周りに白身を巻き、布巾で包んで両端を括りましょう。その棒状のものに五本の箸を均等に当てて、梅の花をかたちづくり、せいろで一五分間蒸せば出来上がりです。

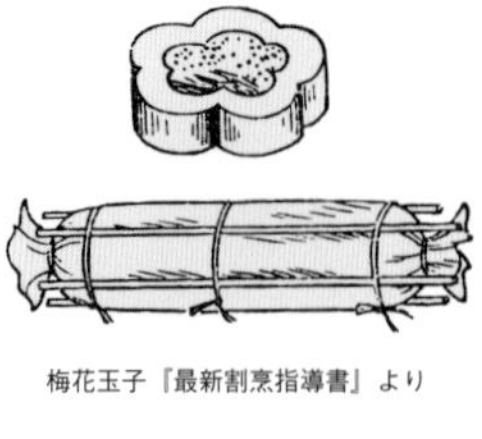

梅花玉子『最新割烹指導書』より

しもつかれやみぞれ鍋に欠かせない道具

鬼おろしは、おろし金よりも大根を粗くおろす道具。

粗い大根おろしは豆腐や餅、鶏肉と一緒にみぞれ鍋にすると最高に美味しいです。また、北関東の「しもつかれ」という郷土料理を作るときにも欠かせません。「しもつかれ」とは、炒った大豆と鮭の頭を刻んだもの、酒粕、ニンジンの薄切り、油揚げの千切りと大根おろしを煮て作ります。

初午《はつうま》の日（二〇一六年は二月六日）にお稲荷さんや道祖神に供えるならわしのある神聖な食べ物です。

十三世紀頃に編纂された『宇治拾遺物語』にも、近江の浅井郡の役人が大豆を煎って酢をかけてしもつかれを作り、これは「すむつかり」といって、温かいときに酢をかければしわが寄って（豆が）よく（箸で）挟めると話すエピソードがありました。鬼おろしも古くからある道具で、江戸時代後期刊行の『江戸名所図会』に「古製山葵擦」として、現在と同じ形のものが掲載されています。

『宇治拾遺物語』のすむつかりの話には続きがあり、僧正が豆にしわなど寄らなくても投げられたって箸で挟んで食えると言い張り、役人がそれを疑うと、僧正はそれができたら戒壇を作って欲しいと言います。そこで役人が豆を投げると、僧正はすべて箸で挟んで食べたので、役人は一族総出ですぐ戒壇を作りました。豆を投げて食べている様子が目に浮かぶ楽しいエピソードです。しもつかれはその他『喜遊笑覧』『古事談』にも登場します。

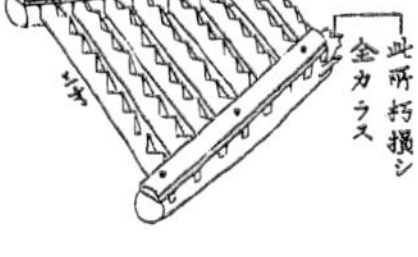

古製山葵擦『江戸名所図会』より

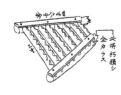

行平鍋

粥や豆腐を温かいまま食卓で食べるための道具として行平鍋《ゆきひら》が作られました。本来は、蓋《ふた》と容器が同じ材質で、注ぎ口と持ち手がついているものを指します。

鬼簾

伊達巻を作る道具が鬼簾《おにす》です。武家社会の江戸ではお正月に国家の発展や安泰も念じました。伊達巻や昆布巻きは書物を表し、文化の発展を意味します。

七草粥の前夜は、七つの道具を並べて無病息災を願い、邪気を祓います。

一月七日は人日《じんじつ》の節句。三月三日や五月五日と同じ、五節句の一つです。その日に七草粥を食べると無病息災で過ごせ、邪気を祓えるとされています。

春の七草はセリ、ナズナ、ゴギョウ、ハコベラ、ホトケノザ、スズナ、スズシロです。

これらを前日の六日にまな板に並べ、囃子《はやし》を口ずさみながら、庖丁で叩いて願いを込めましょう。叩く道具は地方によって異なり、杓子《しゃくし》やすり粉木で叩く地域もあれば、庖丁や火箸、すり粉木、杓子、銅杓子、菜箸、釜蓋《ぶた》など七つの道具を並べる地域もあります。

囃子も「七草なずな、唐土の鳥が日本の土地に渡らぬ先に」「千太郎敲《せんたろうたた》きの太郎敲き　宵の鳥も夜中の鳥も渡らぬ先に」といろいろです。

この七日に新年初めて、爪を切るというならわしもあり、粥の重湯《おもゆ》を手足の爪に擦り込むことでも病気を防ぎ、邪気を祓うとされていました。

江戸時代、将軍家でも七草粥が食べられ、第一夫人が草の露で濡らした爪で、七草を切って食べるならわしがありました。

七種粥『絵本江戸爵』より

華やかな伊達巻は鬼簾で作ります。

伊達巻は、お正月ならではの食べ物。

玉子焼きを鬼簾《おにす》で巻いて作ります。おしゃれな人を「伊達者」と言ったことから、華やかな黄金色の玉子巻は「伊達巻」と言われるようになりました。もともとは卓袱《しっぽく》料理の一つと言われています。

鬼簾を作るには、太くてゴツゴツした竹が必要です。木屋の鬼簾は熊本産の孟宗竹《もうそうちく》でできており、磨かれ、変色しないよう熱湯で晒《さら》してあります。

孟宗は母親孝行と、貧しい家から立身出世したことで有名な中国の偉人です。雪の日に年老いた母親のために筍を掘りに行ったところ、冬なのに筍が生えてきたというエピソードにちなんで孟宗竹と名付けられました。

大正、昭和の料理書は、出汁《だし》巻き玉子や、薄焼き玉子を海苔の代わりに使った巻き物も、伊達巻として掲載しています。巻いた玉子焼きがそもそも華やかで縁起のいい食べ物でした。

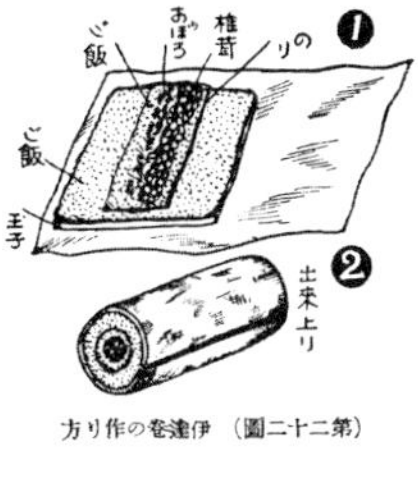

伊達巻『寿司と変り御飯の作り方』より

いまの主流の伊達巻は、海老や白身魚のすり身を入れて、砂糖やみりんで甘く味付けした玉子液を厚めに焼いて、鬼簾で巻きます。

江戸前の玉子焼き

麻生太郎元首相の伯父で、小説家、イギリス文学者である吉田健一は、「江戸前の卵焼き」というエッセイに、江戸料理の玉子焼きのことを「今はなくなった卵焼き」と書いています（『私の食物誌』中公文庫）。

「味が濃い」「甘かった」と表現される江戸の玉子焼き。

いったいどんな味だったのでしょうか。

江戸前の寿司屋に受け継がれているレシピは下記の通りです。正方形の江戸前の玉子焼き鍋で作ってみましょう。

1

山芋をすりおろす

玉子焼きをカステラのようにふっくらさせるために山芋（山の芋や大和芋がベスト）を入れます。おろし金ですりおろし、すり鉢に入れて滑らかになるまですりましょう。

2

海老のすり身を混ぜる

海老をすり鉢で滑らかになるまですりおろします。山芋をすったものと、すり鉢で混ぜ合わせましょう。海老の代わりに鯛《たい》や鱈《たら》など白身魚を使っても美味しいです。

3

溶き玉子を混ぜる

玉子を溶いたものを山芋と海老を混ぜたものに加えます。玉子液が均等に混ざるよう、すり鉢でよくすり合わせてください。しょう油、味醂、砂糖、酒で味付けします。

4

玉子焼き鍋で焼く

正方形の江戸前の玉子焼き鍋に油を引き、すべてを混ぜたものを注いで、約一時間じっくり焼きます。木蓋《きぶた》などを被せると、中まで火が通りやすいでしょう。

5

縁が色付くのを待つ

じっくり焼いていると縁が焼けて茶色くなってきます。縁が焦げすぎないよう、火加減に気を付けつつ、中にも火がちゃんと通って凝固するまで焼きましょう。

6

逆さにして取り出す

中にも火が通ったら、皿や木蓋の上に逆さにして取り出します。次に、逆さの状態で玉子焼き鍋に戻し、反対側にも焦げ目がついたらできあがりです。

二月

月は何も見えない新月に始まり、満ちて、満月になり、やがて欠けます。そして再び何も見えない新月になり、次の月が始まります。

旧暦では新月の日をその月の一日としていました。旧暦では新暦の二月の新月がお正月です。

豆まきも実は「追儺《ついな》」「鬼やらい」という大晦日の行事なのです。

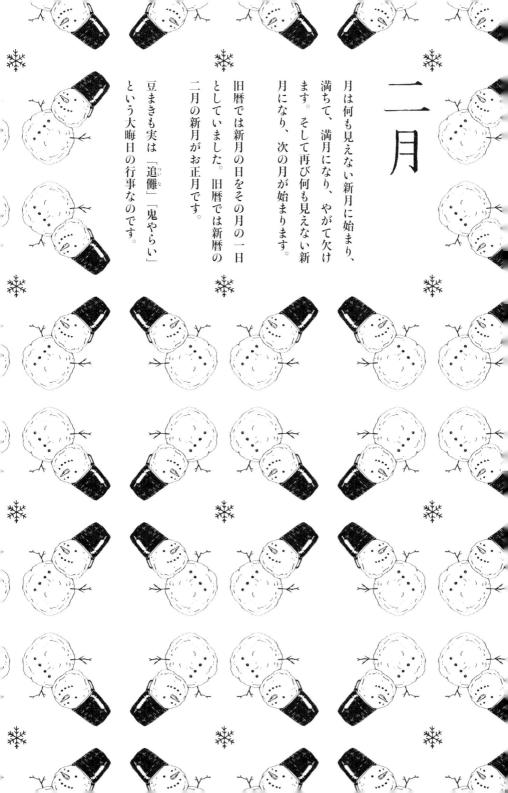

枡

豆撒きや鏡開きに使われる枡《ます》は縁起のいい道具。えびす講（十月と十一月）では枡にお金を供え、開運招福、家内安全を願うならわしもありました。

伊賀焼の土鍋

豆腐は、昔は羽釜《はがま》などを使って自宅で作られていました。各地にその土地ならではの豆腐があり、正月や盆、節句などお祝いの席の食べ物でした。

旧暦では、豆撒きは大晦日の大事な行事でした。

現在は二月三日が豆撒きの日です。

旧暦では、豆撒きは大晦日、新年を迎える前夜に行われていました。

鬼神の形や鬼の面、熊皮をかぶった姿に「鬼は外、福は内」と豆を蒔き、新しい年を迎える前に病や邪気を祓うという意味があったのです。

豆には「魔滅」という意味があり、無事を願う祈りを込めて食べていました。

豆を入れる桝《ます》はそもそも、日本人にとって一番大切な米を計る道具です。そのため、神に捧げる酒や鏡開きの酒、祝いの酒などを飲む、神聖な道具としても使われるようになりました。

神社仏閣が必ずヒノキで作られるように、桝も、木肌が白く美しく、木目がまっすぐな柾目《まさめ》のヒノキで作られます。杉の桝もありますが、使われるのはやはり美しい柾目です。

木屋の桝も柾目の木曽ヒノキで作られ、サイズは一合、五合、一升があります。

「江戸自慢三十六興　酉の丁　名物くまで」

十一月の酉《とり》の市の縁起ものである熊手は、宝船や大判小判、千両箱、おかめの面で飾り付けられ、商売繁盛・開運招運の祈りが込められます。その飾りの中には桝も入っています。

いい土鍋はすべて目止めが必要です。

木屋の土鍋は伊賀焼です。「土と釉《うわぐすり》は同じ山のものを使え」という先人の教えに従い、伊賀の職人が、伊賀で取れる土、伊賀で取れる釉薬《ゆうやく》で作っています。伊賀の土地は、かつては琵琶湖の湖底でした。その地層から採れる陶土は耐火性が高いため、江戸時代から、直火で使える土鍋や土瓶が作られています。中でも、木屋の土鍋にも使われている黒木節や黒蛙《くろがいろ》目粘土《めねんど》は、炭化したプランクトンなど、有機物を多く含むところが特徴です。

その有機物が焼成時に蒸発し、細かな気泡のある素地となることによって、土鍋が熱を蓄え、食材の芯までじっくり火を通します。

気泡の穴が開いているので、そのまま水を入れると染み出します。使う前に粥や小麦粉の汁を煮て「目止め」をし、穴をふさぎましょう。目止めの必要のない土鍋は、気泡が少ない土か、鍋肌に化学塗料が塗られています。土鍋ならではの力を発揮する土鍋は、目止めが必要な製品です。

『商牌雑集』より

台東区根岸にある豆腐料理店・笹乃雪は、京都で発明した絹ごし豆富（笹乃雪では豆富と書く）を、江戸で初めて売りました。

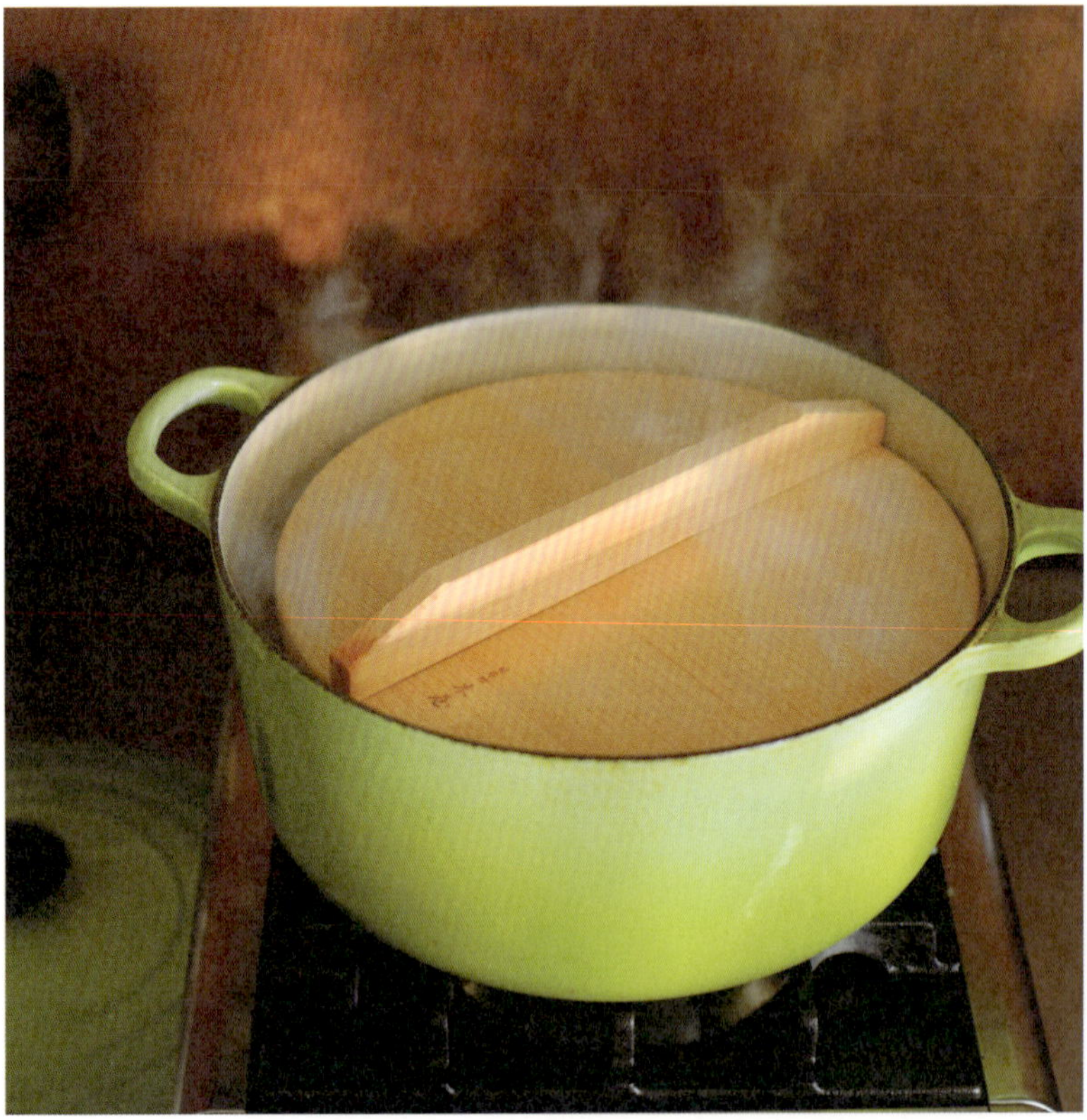

落し蓋

京都の三千院では、無病息災、開運招福を願って、二月上旬に初午《はつうま》大根焚《た》きが行われます。大根の煮物は厄除けとして冬の間、各地で食べられます。

お事汁

二月八日は屋上に笊《ざる》を高く掲げるならわしがあり、江戸中の家がそうしていました。魔除け、または天からの恵みを受け取るためと言われています。

二月の節分に福を呼ぶ枡大根

落し蓋《ぶた》は日本料理ならではの知恵です。少ない煮汁でムラなく食材を煮ることができる、煮汁を蒸発しにくくする、食材が煮汁の中で踊って煮崩れするのを防ぐ、という効果があります。

落し蓋の木材はたいていサワラです。サワラは水に強く、匂いがないので、料理に適しています。キッチンペーパーやアルミホイルで代用するのも手軽ですが、食材に直接触れるものは、天然の昔ながらのものを使うのが安心です。

木屋の落し蓋のサワラは木曽で生まれ育ちました。国産のしっかりした木でできた落し蓋を使うのが清潔で安心、長く使えるので経済的です。

一年で最初の新月を迎える二月は、旧暦のお正月。豆撒きとともに厄払いを行います。厄払いの食事に、大根を枡《ます》に見立てて四角く切って煮た、「枡大根（福枡大根とも言います）」はいかがですか。

『大根一式料理秘密箱』より

枡大根は、大根を枡のように四角く切って、中をくり抜き、さっと煮ます。その中に豆や野菜を煮たものを飾りつけてください。大根を何かに見立てる調理法は江戸時代から行われていて、『大根一式料理秘密箱』（一七八五年）には、大根を椿や牡丹のように切る方法が紹介されています。

二月八日は魔除けとして屋上に笊を高く掲げます。

木屋の笊《ざる》は新潟県の佐渡で作られています。佐渡は「竹の島」と言われる竹の産地で、古くから笊や竹刀《しない》、籠《かご》などを作っていました。

昭和二十三年には、竹芸家の林尚月斎氏（東京国立近代美術館工芸館で鉄脚盛器などの作品が見られます）を佐渡に招き、買い物籠が作られ、全国で「佐渡籠」としてヒットします。佐渡の竹は真竹で、硬くて細工がしにくいです。しかし、その仕上がりはとても美しく、高く評価されています。

笊は日用道具であるだけでなく、魔除けの道具でした。滝沢馬琴の日記や『東都歳時記』には、二月八日の事納《ことおさ》めに、屋上に高い竿を立て、その先端に笊を結び付けて魔除けとしたとあります。

お事納めとは、お正月の行事を終える日で、健康を願い、六種類の野菜（里芋・ごぼう・大根・小豆・人参・くわい・焼き栗・焼き豆腐）の入った味噌汁「お事《こと》汁《じる》」を食べるならわしがあります。

竹林には「三おき四きり」（三年ものは残し、四年ものは切れ）という言葉があります。適度に間引かないと竹林は滅びるのですが、現在では竹細工の需要が減り、切られず残されている竹も多いそうです。竹の笊は耐水効果があり、乾きやすく、便利に使えます。汚れたら買い替える安い笊と、高い笊を使い分け、日本に伝わる美しい道具を使いましょう。古くから魔除けとされてきた笊が台所に一つあると、心強く思えるはずです。

南部鉄瓶

木屋の総務企画部長の石田克由さんが二二年に渡り、愛用している南部鉄瓶。鉄瓶でお湯を沸かすと水道水の塩素臭が除去され、味がまろやかになり、鉄分も補給できます。

巻き簾

木屋の巻き簾《す》は三重県の孟宗竹《もうそうちく》の磨き竹。磨くとは、専用の庖丁で竹の表面の薄皮を剥《は》ぐことです。天然の素材と昔からの製法で作られ、安心して使えます。

世界遺産の建築家、ブルーノ・タウトも認めた岩手の南部鉄瓶

木屋の南部鉄瓶は岩手県奥州市水沢で作っています。岩手の南部鉄瓶の良さを認めた一人が、ブルーノ・タウトです。

ブルーノ・タウトはベルリン工科大学の教授を務めた建築家で、手がけた建築群は世界遺産に登録されました。一九三三年からの三年半、ナチスの迫害を逃れて日本に滞在し、鉄瓶の研究のために盛岡にも訪れています。

当時の日本は、自国の工芸品を輸出できないか模索していました。ブルーノ・タウトは盛岡の講演で南部鉄瓶について、その単純、清浄、古雅は日本の誇りで、輸出に捉われてその特色を滅殺してはならないと述べています。日本人に愛されるものは外国でも歓迎されうる、そういうものこそ輸出するべきだと。ただし、単に昔に帰れと言うのではなく、近代的実用品に日本ならではの趣味を持たせた作品を奨めたいと強調しました。南部鉄瓶が本来の良さを認められ、いまでも愛用されているのは、彼の影響があったのかもしれません。

鉄瓶の中はゴシゴシ洗ってはいけません。白い水垢の薄い膜が張ると錆びることなく、美味しいお湯を沸かせます。以前、母娘で鉄瓶を買ったお客様から、鉄瓶の中が錆びてしまうとお問い合わせをもらい、木屋が二つの鉄瓶を預って、水垢の膜を作って返したことがあるそうです。

ブルーノ・タウトが手がけたブリッツ地区のジードルンク。上から見ると馬蹄の形をしている世界遺産。
Claudio Divizia / Shutterstock.com

日本は世界で一番「巻き食」が多い国

二月三日に海苔《のり》巻き（恵方巻、福巻寿司と言います）を食べるならわしが、ここ数年で定着しました。

立春（二月五日ごろ）の前夜に、歳徳神《としとくじん》の方角を向いて、海苔巻きを一本丸ごと無言で食べると、縁起がいいというものです。

恵方巻きに限らず、千葉の祭り寿司、熊本の南関揚げ巻き寿司、宮崎の筍の巻き寿司など、太巻寿司はお祭りやお祝い、四季の行事に欠かせません。

そしてさらに寿司に限らず、和歌山の湯葉巻、青森の菊巻き、東北の紫蘇巻き、愛知のアラメ巻き、佐賀のふなんこぐい（鮒の昆布巻き）、大分の大豆竹巻き焼きなど、巻き物は縁起のいい郷土料理として日本各地で受け継がれてきました。この種類の多さは世界一です。

巻き物は美味しさと見た目の華やかさだけでなく、食べ物がギュッと硬く圧縮されることで保存性が高くなる点にも古くからの知恵が生きています。

ピンクや黄色の具でいろんな模様を描ける太巻き寿司は「デコ寿司」として人気に。千葉の郷土料理である祭り寿司は、「祝」「花椿」「山武の桜」「あやめ」「四海巻」という定番の模様で作られます。

握り鋏づくし

かつての日本には多種多様な握り鋏がありました。木屋には、昭和四十五年頃に復刻した握り鋏が保存されています。江戸後期より昭和三十年代までに使用された握り鋏の中で、職人の小寺藤二さんが記憶しているものを製作したものです。

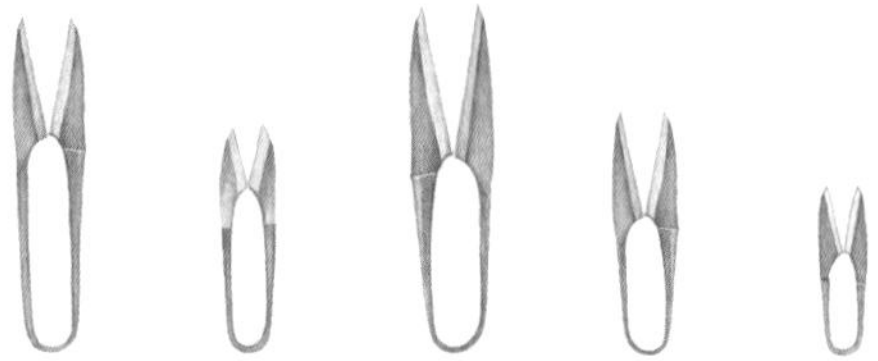

5　4　3　2　1

1　懐鋏
2　縁起鋏（一寸）
3　縁起鋏（一寸五分）
1～3は財布やハンドバッグに入れる縁起のよい鋏。
4　三味線糸切り（一寸5分）
5　東型（二寸）

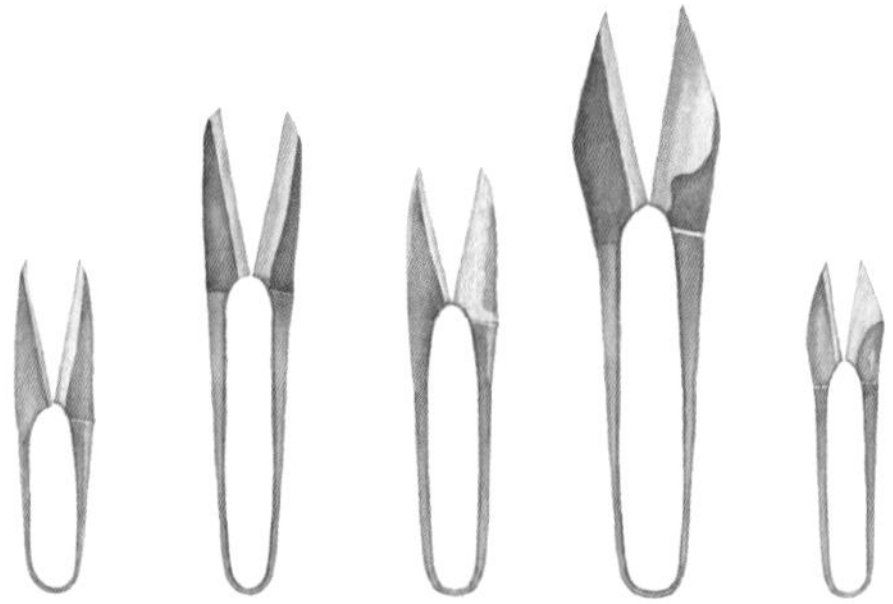

10　9　8　7　6

6　お多福鋏（二寸）
7　お多福鋏（三寸五分）
6と7は鱗模様に鋼が付いています。厄除けや祝い事に用いました。
8　縫箔（二寸五分）
9　縫箔（三寸）
8と9は刺繍と摺箔の技法を併用して模様を表す縫箔職人が使います。
10　長刃（二寸）

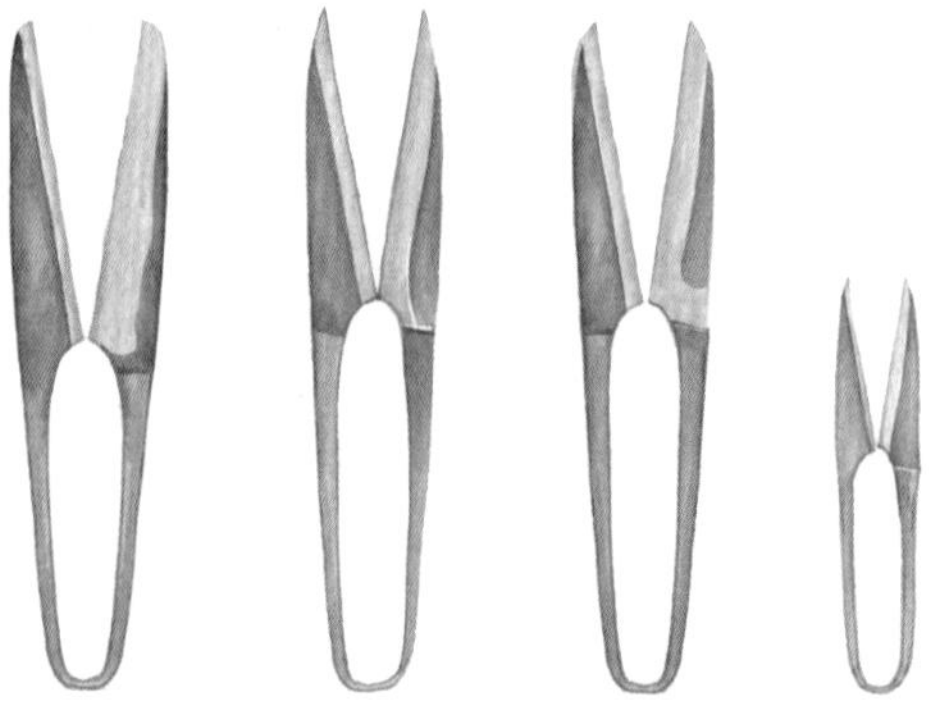

14　13　12　11

11　長刃（三寸五分）
12　長刃（四寸）
13　掛継ぎ（四寸）
裂けた布の端と端を付け合わせ、継ぎ目がわからないように繕う掛継ぎに使われました。
14　菓子切り（四寸）
和菓子職人が使います。

15　綴じ切り・針付
紙に穴を開けて紐で閉じ、余分な紐を切ります。
16　包帯切り
17　堺型
18　裁断用
布地を切ります。
19　元結切り
髪のもとどりを束ねておく糸または和紙紐を切ります。
20　絹鋏

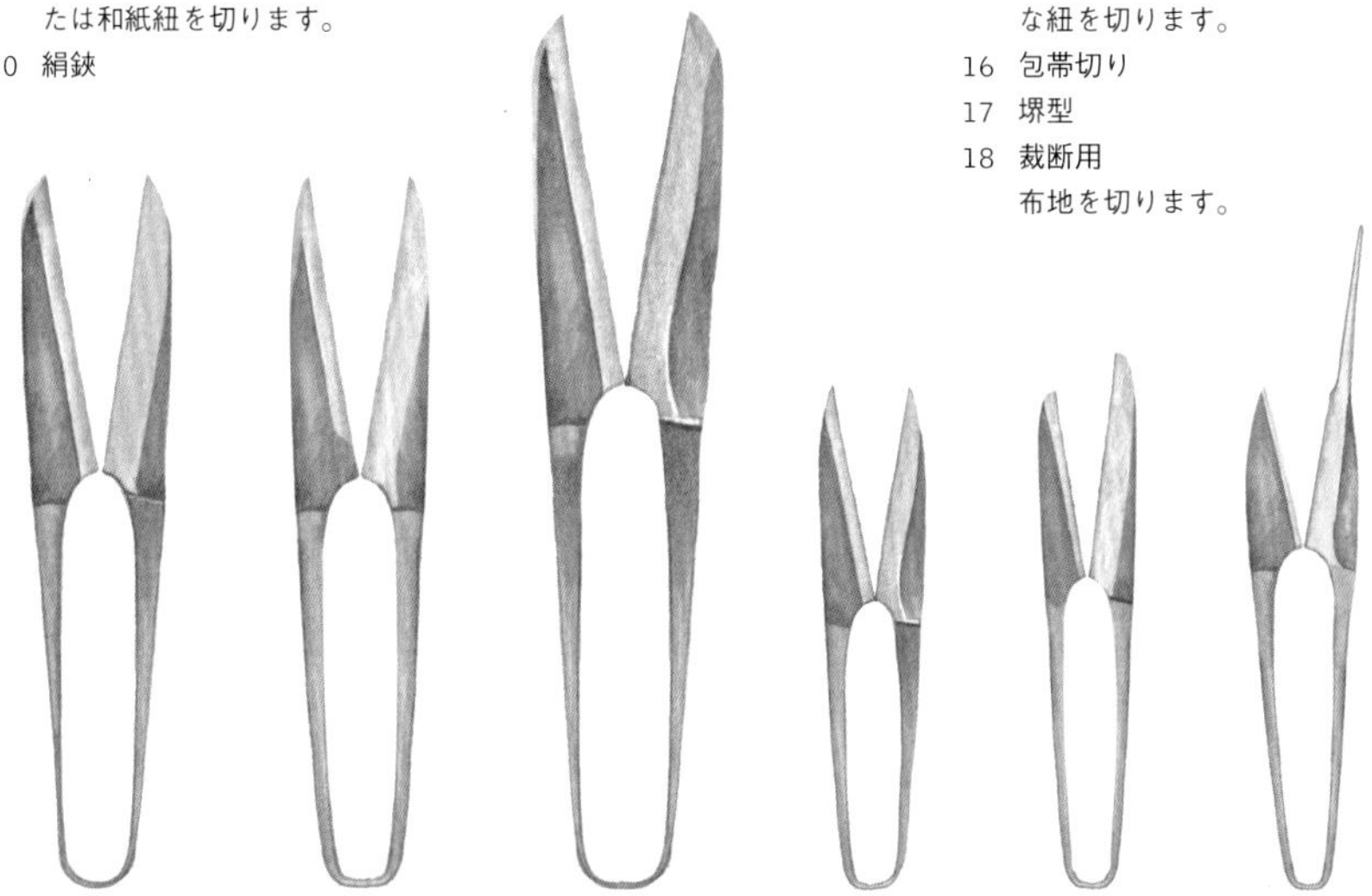

20　19　18　17　16　15

21　シケトリ（直刃）
22　シケトリ（曲刃）
21と22はシケを切ります。繭の外皮をシケと言います。粗悪な糸になるので切ります。
23　呉服屋鋏
24　裁断用
布地を切ります。
25　矢羽根切り
矢に付けた雉の羽根を切ります。

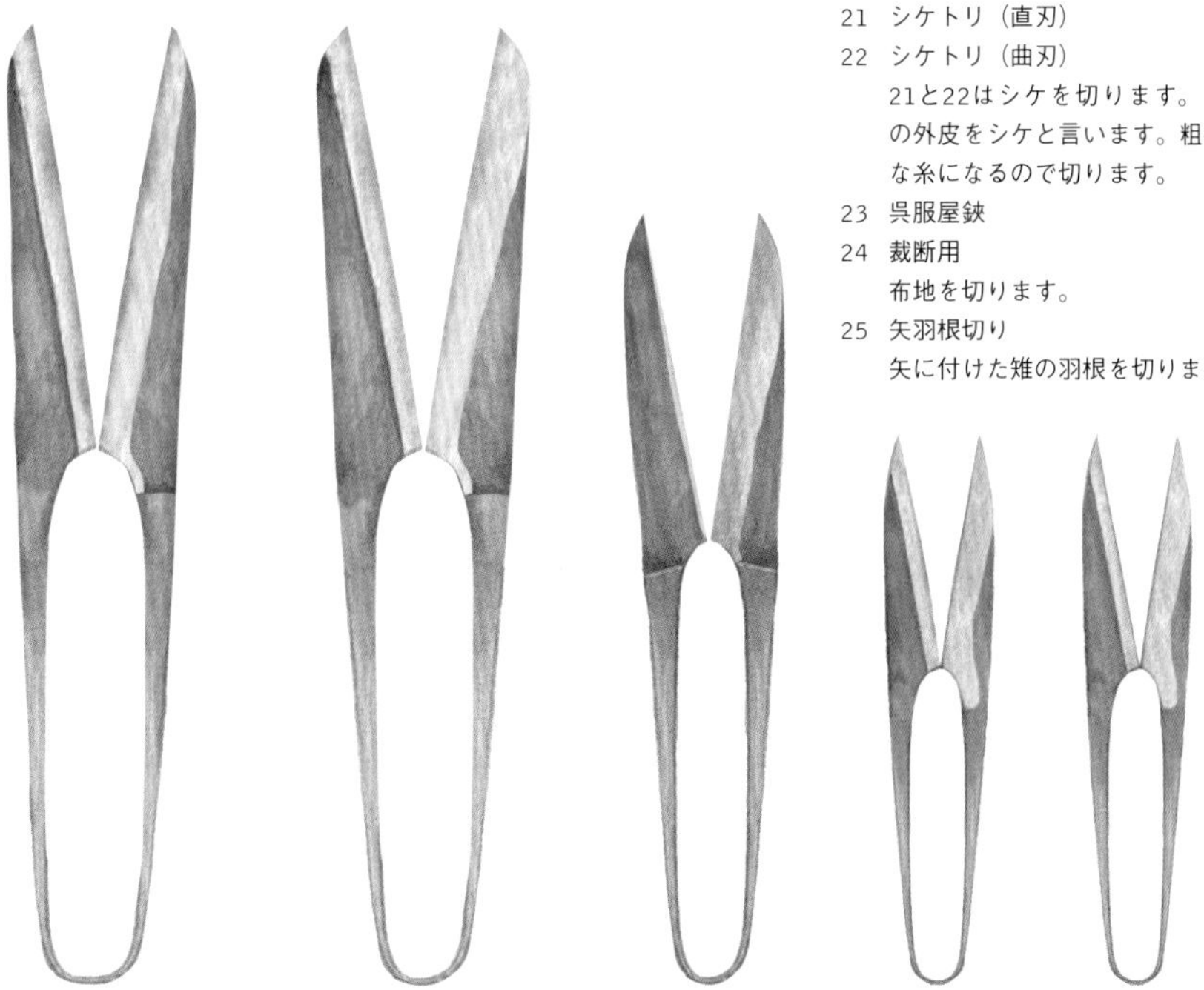

25　24　23　22　21

三月

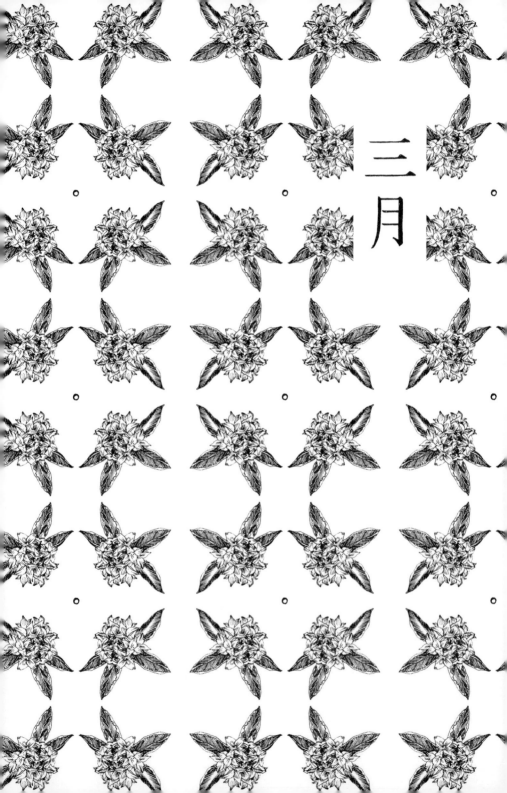

三月は大地が温まり地中の虫が出てくる季節「啓蟄」と言われています。

三月三日はそもそも平安時代以前に遡る調度品や人形や衣類を小さく作って遊んで健康や厄除けを願った「上巳の節句」でしたが、現在は女の子の節句として受け継がれています。

昼夜の長さがちょうど同じになる、三月二一日の春分の日を境に昼の長さが長くなり、春がやって来ます。

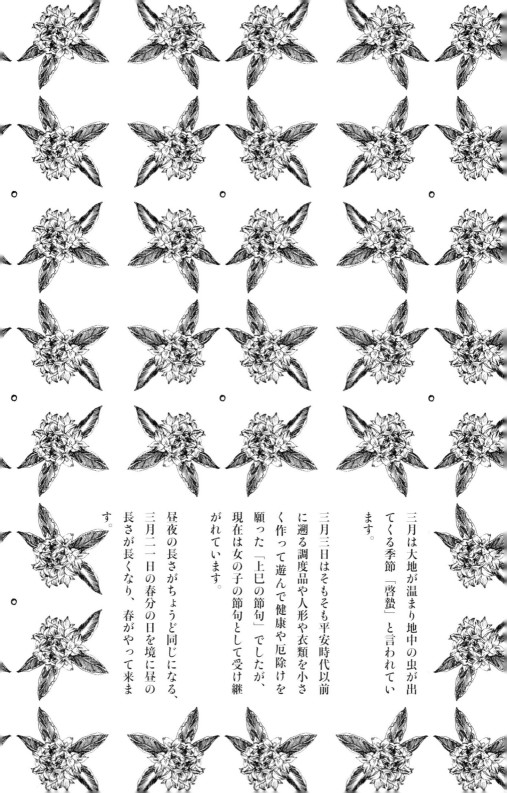

抜き型

それぞれのデザインに、大（約四センチ）中（約三センチ）小（約二センチ）のサイズがあります。

季節のものを食べてよりよく生きる。それが日本料理の考え方です。

日本料理の基本は「椀、さし」と言われ、主役は吸い物と刺身です。吸い物は、お椀の蓋《ふた》を開けた瞬間、季節を感じることが大切とされています。

季節の演出によく使われるのが抜き型です。にんじんや大根、柚子を、梅やイチョウの形にくり抜いて添えるだけで、お椀の中が美術品のようになります。抜き型も使う食材も、特別に高いものではありません。家庭で簡単にできる季節の楽しみとして、使ってみてはいかがでしょう。

抜き型ができたのは約一〇〇年前、明治時代です。木屋の抜き型は、現在の製作者のお父さんが幼い頃に丁稚奉公に行って職人になり、そこで学んだ技術とデザインがいまに受け継がれています。約五〇年前、ステンレス製になるその前は、真鍮板《しんちゅうばん》を薄くして作っていました。昔はプロの料理人だけが使う道具でしたが、ステンレス製になってスポット溶接ができるようになったことで作りやすくなり、一般の家庭用にも販売されるようになりました。

日本料理も、干支《えと》や風水や旧暦のように、中国の陰陽五行《おんみょうごぎょう》思想の影響を受けています。根底にあるのは、季節の食べ物を暮らしに取り入れることがいい循環を生み出し、健やかに生きる力となる、という考え方です。

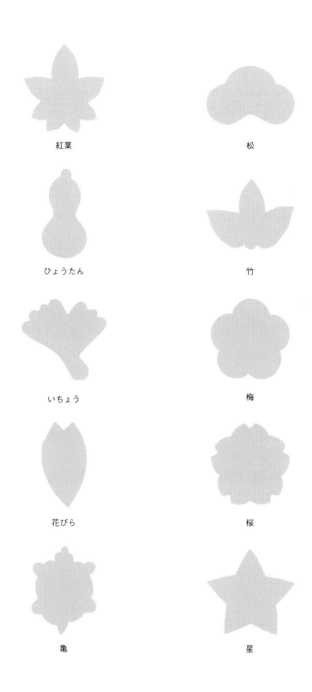

紅葉

松

ひょうたん

竹

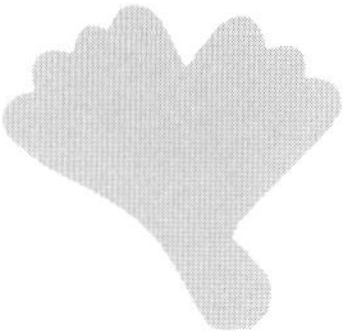

いちょう

梅

花びら

桜

亀

星

天ぷら鍋

三月は嫁菜《よめな》、小豆菜《あずきな》、あした葉、山うど、わらび、たらの芽、蕗《ふき》の薹《とう》などが店先に並ぶ季節。アク抜きが必要な野草も、天ぷらなら簡単に味わえます。

押し寿司型

『守貞漫稿』（一八三七年）掲載の押し寿司型は現在とほぼ同じ。具は醤油煮の椎茸の細切り、玉子焼き、鯛の刺身、あわびの薄切りで、贅沢です。

三月は春の摘草の季節。「あがる」天ぷらは縁起のいい料理です。

三月は冬の野菜と春の野菜の旬の谷間。野菜の代わりに野草を楽しみましょう。野草は下処理が難しいですが、天ぷらなら簡単に美味しく食べられます。

木屋の天ぷら鍋は金槌《かなづち》で槌目《つちめ》をつけた銅製の打ち出し鍋。銅は熱が早く伝わるので、冷たい衣をつけた種を入れても、油の温度が下がりにくいです。

銅よりも贅沢な天ぷら鍋が砲金《ほうきん》製ですが、家庭用の鍋の値段では買えません。砲金は銅・錫《すず》・亜鉛の合金で、昭和三十年代から鍋に使われるようになりました。もとは大砲に用いられ、熱伝導率と保温性、耐久性に優れています。

一方、南部の砂鉄の天ぷら鍋にこだわる料理人もいました。天皇の料理番であった秋山徳蔵や、赤坂の老舗料亭・花むら創業者の川部幸吉氏がそうです。

フランスの思想家、記号学者であるロラン・バルトが、人々がお金を出して天ぷらに求めているのは、「揚げ方の清らかさ」であると書いたように、料理人たちの揚げ方の追究が、かくも多様な天ぷら鍋を日本に誕生させました。

春の摘草《つみくさ》は、万葉の時代から季節の行事として楽しまれています。歌舞伎の「菅原伝授手習鑑」にも、七〇歳の老人の誕生日を祝う膳を作るため、淀川堤を歩いてタンポポや嫁菜《よめな》を摘む場面がありました。

『書本野山草』より

雛祭りには、子孫繁栄、長寿の願いを込めて菱型のものを食べましょう。

日本人が古くから食べている保存食が、押し寿司、箱寿司です。

宇野千代が「自慢しても自慢しても自慢しきれない鮨」と書いた岩国寿司、小津安二郎が手帖にメモしていた富山の鱒鮨、吉田健一が「花ならば桜という所だろうか」と書いた大阪の雀鮨、谷崎潤一郎が「なるほどうまい」と書いた吉野の柿の葉鮨など、祝いの席を飾る押し寿司が各地にたくさんあります。

ほとんどの日本人は、自分がなじんだ土地ならではの、押し寿司の思い出を必ず持っているのではないでしょうか。

三月三日は菱餅《ひしもち》を食べるならわしがあります。押し寿司を菱型に切って、雛祭りのご馳走にしてみてはいかがでしょう。そもそも菱餅は、お正月に宮中に飾られる正式な鏡餅の上に載せられていました。菱型が尊ばれるのは、その形が人間の大切な心臓を表すからという説と、菱の繁殖力の高さや、菱の実を食べて長生きした仙人にあやかるためという説があります。

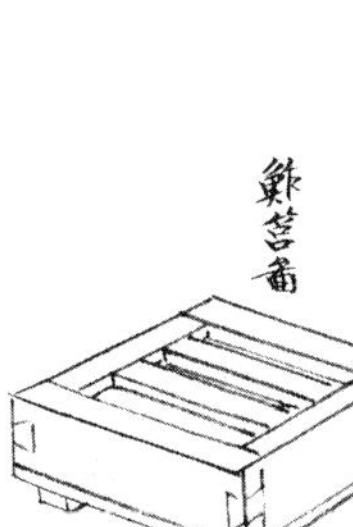

※『守貞漫稿』より

日本には古くから、丈夫な子を産めるよう三月三日に淡島様《あわしまさま》にお祈りするというならわしがありました。また、その日は淡島様にちなんで女性は海辺に出かけ、お祓いをしたそうです。そのような日本古来のならわしと、中国から伝えられた上巳《じょうし》の節句が結びついて、雛祭りが女性のお祭りとして盛大に行われるようになったのではないかと言われています。

ゆき平鍋

木屋のアルミのゆき平鍋は丸いしゃもじで、縁までかき回せる形になっています。軽くて熱が伝わりやすく、一つの鍋で炒めることも煮ることもできて便利です。

刺身庖丁

刺身庖丁を使えば、プロの料理人でなくても、角が立っている刺身を作ることができます。切り口を味わう料理は、世界で日本料理だけです。

蛤の潮汁は日本料理の原点。夫婦円満を祈りながらいただきます。

江戸では蛤《はまぐり》の吸い物は婚礼のごちそうでした。そのならわしは八代将軍の吉宗が決めたもので、当時は蛤が一年中捕れて安かったからではとされています。現在、蛤の潮汁は、雛祭りを祝うメニューの一つです。

どんなに似ている蛤があっても、蛤の貝殻は対のものとしか絶対に合わないことにあやかり、夫婦円満、家庭和合、よき伴侶にめぐりあえることを祈りつつ食べられています。

そんな蛤だからこそできる遊び、三六〇個の蛤の貝殻を並べ、対のものを見つける「貝合せ（貝覆い）」も平安時代から行われていました。

蛤の潮汁は、蛤からいい旨味が出るので、出汁《だし》はいりません。

このシンプルな料理こそ、日本料理の原点です。

火を通しすぎると美味しくないので、熱の伝わりやすいアルミ打ち出しのゆき平鍋で、手早く作りましょう。

『古事記』にも蛤は登場します。オホナムヂノ神が八十神にだまされて焼け石に焼かれて死んだときに、カムムスヒノ命はキサガヒヒメとウムギヒメを遣わし、蛤の汁で溶いた母乳を傷に塗って命を助けます。

『和漢三才図会』より

文献に記された日本最古の料理は刺身

奈良時代後期の歴史書『高橋氏文』に書かれた料理の記録が、日本最古のものとされています。それは蛤《はまぐり》の膾《なます》でした。

膾とは生魚を細かく切って酢で和えたもので、刺身の原型です。

狂言の「鱸庖丁《すずきぼうちょう》」にも刺身の前身が登場します。それは伯父が甥に、平安時代初期に初めて料理された「打ち身」について語り、川魚では鯉、海の魚は鯛しか使われないと説明するという内容です。打ち身とは、分厚い刺身のような料理でした。刺身が広く食べられるようになるのは江戸時代からですが、鯛の刺身は、その前から食べられていたことがわかります。

現在、最も多く使われている刺身庖丁は、先の尖った関西型で、その形から「正夫《しょうぶ》」「柳刃庖丁」とも言います。江戸風は切っ先が四角く、「蛸引《たこひ》き」と呼ばれ、関西型よりも刃が薄いです。江戸前の寿司屋に行けば、いまでも蛸引きを使っているお店がたまにあります。

庖丁は右手で持ったときの右側が表で、左側が裏です。柵にした魚を右から引いて切る場合は右側の表で切った陽の刺身。白身魚を左から削ぐように切った場合は左側の裏で切った陰の刺身となります。陽の刺身は四角い皿に、陰の刺身は丸い皿に盛り付けましょう。

京阪の刺身と江戸の刺身
『守貞漫稿』より

鍋づくし

鍋は、古くからある鍋と新しく日本に入ってきた外国の鍋の混じり具合が面白いです。圧力鍋、タジン鍋、ストウブ、ルクルーゼ、シリコンスチーマーなど、新しい鍋が次から次へと流行ります。行平鍋も、そもそもは陶製で蓋《ふた》・注口・取手のある鍋の名前でしたが、西洋鍋が取り入れられることで、アルミやステンレス製で注口がある片手鍋のことをゆき平鍋と呼ぶようになりました。ちなみに浅型のゆき平鍋は木屋オリジナル。浅いソースパンのようなゆき平鍋があると使いやすいと言われて作ったそうです。

ゆき平鍋

短時間で調理するのに便利

浅型ゆき平鍋

煮魚、ソース作りに便利

ソースパン

ソース作りの他、肉を焼いたり、野菜を炒めることもできます

シチューパン

煮込み料理、じっくり煮込むソース作り、肉を焼くこともできます

外輪鍋

煮汁を煮飛ばすときに便利

寸胴鍋

パスタや丸鶏を茹でるのにぴったり

やっとこ鍋

場所を取らず手入れもしやすい

段付鍋

吹きこぼれの心配がなく、煮物に最適。せいろも乗せられます

さくいん

監修:木屋（きや）

寛政四（一七九二）年四月創業。庖丁・刃物を中心に、まな板、鍋、おろし金、せいろ、江戸櫃など、暮らしの道具を販売。日本橋木屋本店の他に、支店として玉川店、アウトレット木更津店、アウトレット入間店の店舗がある。

http://www.kiya-hamono.co.jp/

撮影　川しまゆうこ

イラスト　三宅瑠人

デザイン　平塚兼右／平塚恵美（PiDEZA Inc.）

本文組版　矢口なな／鈴木みの理／長谷愛美（PiDEZA Inc.）

製版　ディレクター　村田治作（山田写真製版所）

コーディネーター　板倉利樹（山田写真製版所）

撮影協力　cafe Birdbath（カフェ・バードバス）

東京都杉並区和田3-6-7 1F

http://cafe-birdbath.com/

料理製作　神戸智子

写真　アフロ／長谷川町子美術館／三橋憲行／国会図書館／三井文庫／香川県観光協会／Shutterstock

協力　(株)東屋／(株)山一／(有)大川セイロ店／(株)山英

日本橋《にほんばし》 木屋《きや》　ごはんと暮《く》らしの道具《どうぐ》

監修　木屋

発行所　株式会社二見書房

東京都千代田区三崎町2-18-11

電話　03(3515)2311［営業］

03(3515)2313［編集］

振替　00170-4-2639

印刷・製本　図書印刷株式会社

落丁・乱丁本はお取り替えいたします。定価は、カバーに表示してあります。

ISBN978-4-576-15042-0

http://www.futami.co.jp/